HUELLAS

GARABIETA, Leonardo
Huellas / Leonardo Garabieta. - 1a ed . - Ciudad Autónoma de Buenos Aires
: Diseño, 2017.
114 p. ; 21 x 15 cm.

ISBN 978-987-4160-13-3

1. Historia de la Arquitectura. 2. Crónica de Viajes. 3. Arquitectura. I. Título.
CDD 720

Diseño gráfico: Karina Di Pace

Hecho el depósito que marca la ley 11.723

ISBN: 978-987-4160-13-3

Marzo de 2017

HUELLAS

Leonardo Garabieta

diseño

PRÓLOGO

Pasaron ya casi tres décadas desde que comencé a escribir el prólogo de mi primer libro, recorriendo lo que en aquel momento eran tierras casi desconocidas para la mayoría de los occidentales. En él decía que cuando el pasaporte se va llenando de sellos, a uno le parece que va obteniendo el título de trotamundos o porque no, el de peregrino.

A muchos de aquellos lugares he vuelto en reiteradas ocasiones, algunos permanecían iguales, como si el tiempo se hubiera detenido allí. Otros resultaban casi desconocidos luego de un par de décadas, sino fuera por sus íconos más característicos. Pero el cambio mayor se había ido produciendo en mí. Con los años, las horas dedicadas a disparar la máquina fotográfica, daban lugar a horas usadas para la contemplación, simplemente para fundirme con lo que me rodeaba. Sí, el mayor cambio era el interno.

Para escribir la historia de una persona, de una sociedad o de una época, hay que aceptar primero que los hechos del pasado como tales, han caído, ya no están en ningún lado, por eso hay que revivir desde el lenguaje lo vivido. Por eso escribir es como construir un puente, claro, un puente hacia uno mismo, hacia los otros, hacia la posteridad. La intención es restaurar lo olvidado y encontrarlo a través de las huellas que dejaron. Escribir es dejar huellas en las arenas del tiempo.

El brutal terremoto que sacudió a Nepal a principios del 2015, produjo en mí como una vuelta a recorrer la mitad de mi vida como si fuera el espectador de una película donde yo era actor. Muchos de los lugares que he recorrido fueron devastados, algunos por guerras, otros por la mano de la naturaleza, teniendo la oportunidad de presenciar algunos de estos hechos devastadores, sensaciones que se mantendrán presentes en mí mientras viva. Pero ver los videos de como quedo Katmandú y sus alrededores –al igual de los sucesos que devastaron Siria– me genero una extraña sensación, entre angustia, impotencia y pequeñez. Esas plazas frente a sus pagodas en las cuales pasaba horas recorriendo y tomando té, simplemente se encontraban bajo escombros, junto con cientos de personas. Sonaba a pesadilla.

Veía una y otra vez los noticieros y me resistía a creerlo. Entonces tal vez, no sé bien aún porque, decidí volver a recorrer mediante la escritura, y en algunos casos retornando a los lugares, aquellos sitios que dejaron marcas en mí. Y si bien no sé porque, si el para qué. Para que otros puedan encontrar tal vez lo maravilloso que tienen estos lugares. Para que quienes que no los conocen se animen a ir, para aquellos que ya estuvieron, vuelvan y comprendan lo que es ver de nuevo, pero en forma diferente.

Desde ya que, cuál de los lugares elegir entre un anaquel llamado memoria, lleno de experiencias es sumamente difícil, pero fueron las marcas, las huellas, que dejaron en mí las que he decidido incorporar en este libro.

Viajar, recorrer culturas diferentes, entremezclarse con los lugareños, admirar aquellas obras que hicieron otros antes y en diferentes lugares, es, a mi modesto entender, una de las cosas más espectaculares que nos puede dar la vida. Nos pone realmente a escala de lo que somos: humanos, con toda la pequeñez y grandeza que ello conlleva. Pero fundamentalmente nos ayuda a entender que no hay una verdad única; no hay un modo de validación universal y objetivo de lo verdadero, solo hay diferentes y variados regímenes de verdad en contextos determinados, a través de los cuales diversas autoridades se apropian del derecho de decir lo verdadero y promueven, mediante ciertos relatos sus pretensiones. Y estos suelen ser arbitrarios.

Viajar nos permite hacernos dueños de nuestros propios relatos, con todo el componente de subjetividad que ello implica. Pero nuestros al fin. Desde ya que volver a recorrer aquellos lugares décadas después, implica algo así como desafiar a la memoria, a nuestra propia historia, remover el arcón de los recuerdos. Pero la vida nos da esa posibilidad, volver sobre nuestros pasos, nuestras propias huellas, con algunas canas más, pero con las misma flama ardiente y fundamentalmente con la capacidad de sorprendernos en cada uno de los nuevos pasos, de las nuevas huellas.

HUELLAS

Nunca entenderé porque algunas personas, al igual que determinadas situaciones, entran en nuestras vidas, otras perduran y otras simplemente desaparecen. ¿O acaso somos nosotros que entramos? Confirmo aquella frase que no importan los pasos que des en la vida, sino las huellas que has dejado como así las marcas que quedaron en ti.

A medida que pasan las décadas, una forma sutil de decir que uno envejece, por momentos pareciera que se convierte en Jano, aquel dios romano de las dos caras, el que todo lo abre y todo lo cierra, el que puede ver a su vez el pasado y el futuro y con una cierta capacidad hacer juicios más justos, o al menos eso debiera ser lo esperado. Puede entonces lograr una mirada hacia atrás, difícil de apresar, orillando algo querido, un acierto, o un error que pareciera incendiarnos el alma. En síntesis, un puñado de vida guardado traído al ahora, una vaga pretensión para que escape al tiempo. Es lo que llamamos vivir, a veces con las heridas o alegrías de los recuerdos, con el temor de mitos y fantasías, al desprendernos de las cosas que transitoriamente nos pertenecen. Vivir en el dolor o en un destello aleatorio de felicidad.

Y así la nube pasajera de la vida continúa su danza. En el rosario de los años, pasando cuentas incomprensibles para la mente humana, prevalecen hechos sin evaporarse, de una consistencia férrea, que perfora el olvido. Y a veces el salto es la única puerta para el hombre. Salto que en algunos casos pueden conducir a una verdadera metamorfosis.

Todos los seres humanos tenemos una historia, nuestra historia y desde ella filtramos absolutamente todos los estímulos que nos impactan. Pero permítame hacer algunas reflexiones sobre la historia. Evidentemente la historia es una realidad evidente, indiscutible. Una realidad que como otras, puede constituirse en factor normativo, ejemplarizante y aún correctivo.

Pero la historia no involucra todo lo que fue, lo que aconteció, o lo que existió alguna vez, sino que de todo aquello, los hechos que seguramente poseerán influencia significativas en el desarrollo humano. La historia, la nuestra, la de cada uno, no dejan de hacerse, de alimentarse mutuamente, en reciprocidad continua. Hoy sabemos que las temporalidades de la naturaleza son cíclicas, repetitivas, aunque todos los días nos sorprendan. Por el contrario las temporalidades de los humanos son historificantes, indeterminables, imprevisibles, en síntesis, son originariamente originales. Las influencias significativas, se refieren a hechos, comportamientos que de manera directa o indirecta inciden en los vivires humanos. Los hombres tenemos memoria, y a diferencia de la mariposa que no puede mirar atrás y hacer juicios acerca de la oruga que alguna vez fue, el humano aún atravesado por una metamorfosis siempre puede ver a aquel que fue, más allá que le guste o no "aquel".

Cada cual tiene sus postales incorporadas que le hablan en silencio. O a veces estallan, borrosas, complejas, confusas. Entonces es un mirar interrogante y desde ya un desafío, con el andar del pensamiento repleto de mensajes testimoniales. Mensajes en los cuales tal vez la línea entre lo real y la fantasía se desdibuja. ¿Cuánto? Imposible saberlo.

Profundizando huellas con la carga de los porqué penetrantes, interminables, como en la infancia pero multiplicados. Es entonces la búsqueda de respuestas desde un lenguaje arrancado desde las entrañas, donde la razón casi no tiene lugar. Hechos que fueron vividos desde la obstinada reflexión que hace arder el misterio de la vida.

La tremenda ilusión de adivinar el futuro, en controlar el porvenir, sería una buena manera de entender aunque más no sea, en parte aquello, estar dos jugadas adelante, pero desde ya una posibilidad que le está vedada a los humanos. Solo Jano tenía ese don.

Cada uno de nosotros es quien es, porque tiene sus propias memorias, nuestros propios recuerdos, somos sin más, aquello que recordamos y quizás el tiempo esté realmente hecho de olvido. O también de aquello que decidimos olvidar.

Decía García Márquez que la vida no es la que uno vivió, sino la que uno recuerda o como la recuerda para contarla. Pareciera que el aspecto más notable de la memoria es el olvido, y en nuestra mente hay más olvido que memoria, tal vez el olvido este lleno de memoria.

De joven, la memoria tiene más interés en el futuro que en el pasado, así que los recuerdos no estaban idealizados por la nostalgia. Pero con el pasar de los años los recuerdos aparecen en el horizonte y para allí me dirijo. Hacia lo que alguna vez llame el gran mandala.

BOROBUDUR

Para nosotros los occidentales, Asia es en muchos sentidos un continente misterioso, hasta el punto de que nos inclinamos a hacer del misterio su propia esencia. Su historia, que apenas se nos enseña en las escuelas, parece condenada a no sernos familiar, tal vez por el hecho de que en las civilizaciones de oriente la frontera entre el relato y el mito, entre acontecimientos y leyendas donde el tiempo se desvanece, influye de algún modo en la impresión de sorpresa que inevitablemente nos produce.

En muchos casos las piedras son casi los únicos documentos que sobrevivieron a los ataques del tiempo y del clima en general, con lo cual la reconstrucción del pasado allí es más difícil.

Pero sea cual fuese la explicación que se intente dar a la persistencia de esta imagen, sucede que en algunos casos, el misterio que sorprende al visitante no es el de una decadencia, lo que supone un proceso de deterioro, sino el de una muerte repentina.

Parece como si todo se hubiera paralizado, aún antes de que la naturaleza emprendiese su inexorable tarea de destrucción.

Si usted está leyendo estas líneas en un ambiente confortable, seco y fresco, trate por un instante de imaginarse una térmica alrededor de los cuarenta grados, una humedad del ciento por ciento, un fantástico sol que pareciera que su función específica es derretir todo aquello que toca y caminar, caminar y subir escalones y seguir subiendo… pues bien, allí se encontraba el autor de este libro al escribir estas líneas.

No piense que esto es el resultado de una personalidad altamente masoquista, ni que pienso que sobre mí pesa una herencia karmática que me deba llevar indefectiblemente al sufrimiento, es simplemente que esto de andar por donde nadie me llama es algo que me parece fascinante y a veces hay que pagar algunos costos.

Pero como dijo Ortega, vayamos a las cosas. Calor, humedad, insectos por doquier, son algunas cualidades entre otras que tienen Indonesia, Camboya y Vietnam.

La historia de hoy comienza en los albores del siglo IX, cuando la dinastía Sailendra, que había adoptado el budismo, mando a construir esta maravilla que se encuentra ante mis ojos. Borobudur es mi entender la expresión arquitectónica más acabada que en el mundo existe de arquitectura sacra, respondiendo morfológicamente a un gran mandala. Esta figura profética y sagrada está compuesta por la intersección del cuadrado que es para esta cultura la forma suprema y perfecta que significa orden y del círculo que es el desarrollo y el movimiento. Cuadrado y círculo, cielo y tierra se unen de esta manera formando el mandala.

Borobudur, en la isla de Java, está rodeado de volcanes, de hecho el histórico Krakatoa no se encuentra lejos, y el simbolismo se puede ver aún en el nombre de los sailendras que significa "señores de la montaña".

Lejos de toda población, este monumento encaja perfectamente en el patrón de templo de peregrinación inmerso en un paraíso natural.

Borobudur es una estructura de planta cuadrada orientada a los cuatro puntos cardinales, cada uno de sus lados consta de una escalera monumental que permite el acceso al templo. Es interesante aclarar que el mismo tiene una base de ciento veinte metros de lado y cuarenta metros de altura y que está compuesto por más de dos mil bloques de piedra. El complejo es el resultado de terrazas que se elevan buscando el cielo al mejor estilo zigurat sumerio, pero la gran profusión de bajos y sobre relieves lo hace tan diferente a sus referentes mesopotámicos.

Las galerías de estas terrazas deben ser circunvaladas en el sentido de las agujas del reloj, con el fin de ir leyendo los relieves que gradualmente nos trasladan a las alturas de mayor espiritualidad.

La serie completa es una narrativa de las vidas del Buda y del deambular espiritual del peregrino Sudhana, quien fue buscando numerosos maestros para convertirse en bodhisatva y que por último, como se representa al final de la serie de relieves de la cuarta galería, logró entrar en el palacio del buda futuro —Maitreya— en el monte Meru.

Las terrazas circulares superiores contienen setenta y dos stupas y dos tercios de ellas en forma de enrejado pétreo albergan esculturas de budas sedentes. Me siento en una de las stupas y contemplo al buda interior a través de las caladuras, extendiendo mi brazo hasta tocarlo; para los habitantes de aquí esto trae suerte y es una bendición. Tras tantos años de andar de acá para allá hay sensaciones que no cambian. Cada vez que tomo un respiro sentado en alguna catedral, pirámide, tumba, palacio o donde la fatiga me venza, no puedo dejar de pensar en lo que hubo por detrás de esa obra. Su entorno social, cultural, físico, la gente que la uso y por supuesto aquel maestro de obras que la concibió.

Continúo sentado y viene a mi mente la imagen de uno de los complejos arquitectónicos sagrados que más me impresionó en mis años de andar por el mundo. A no demasiadas millas de aquí se encuentra el emplazamiento de unos de los imperios más increíbles que haya formado el hombre, donde toda una civilización parece haber sido presa de un patológico afán de construir y luego haberse desinteresado repentinamente de toda ambición arquitectónica. Es allí donde el monarca Jayavarman funda Ankor, instaurando el culto al rey dios en las entrañas de Camboya.

Este pueblo de campesinos realizó las obras de hidráulica más asombrosas de la antigüedad, destinadas al cultivo del arroz, desde lagos artificiales hasta el complicadísimo sistema de canales y estanques.

De esta forma dinastía tras dinastía construyo moradas para aguas, hombres y dioses. Ankor se transformó en el epicentro de un vasto imperio que se extendió desde el mar de la China hasta el Índico, donde reinó una vasta lista de soberanos brahamanes y budistas y donde cada uno parece haber sentido como cuestión de honor aventajar a sus predecesores en tamaño, belleza y originalidad de sus obras.

Todo lo que legó este imperio sobrepasa la imaginación humana, como también lo supera el hecho de que la vegetación lo cubriera de forma tal, que al igual que sucedió en Borobudur, se perdieron por siglos.

Pero cuando se piensa en el imperio Khmer, cuando se piensa en Camboya, rápidamente vine a la mente la figura de Ankor-Vat, el templo montaña, la ciudad santuario.

Ankor constituye aún hoy, la mayor creación de toda el Asia y dudo que otro complejo edilicio lo supere en el mundo. Una verdadera morada de los dioses, donde el rey dios logró en su arquitectura la más refinada ornamentación.

Con sus terrazas escalonadas, sus torres piramidales, rodeado de arrozales y vías de agua, casi como flotando sobre múltiples estanques, cual metáfora de una plantación de lotos, esta increíble mole de miles de metros cuadrados se identifica con la fuente milagrosa de los Himalayas.

Junto con Ankor-Vat, cientos de obras con características similares se levantan por doquier. Los Khmer desearon ofrecer a los dioses moradas a gran escala y desde ya que lo consiguieron. Pensemos que el complejo se extiende por más de treinta kilómetros de levante a poniente y de veinte kilómetros de norte a sur.

No hace mucho más que un siglo que el viajero francés Henri Mouhot revelara al mundo occidental en el relato de sus "Viajes por los reinos de Siam, Camboya y Laos", la existencia de una civilización cuyos fastos se habían sumido durante mucho tiempo en el sueño y el olvido, pero nunca ha cesado la sorpresa y la fascinación suscitadas por una de las empresas más colosales que los hombres hayan realizada jamás.

Continúo ascendiendo aquí en Java, terraza tras terraza, hasta llegar al cenit del templo. Una gran stupa pétrea sin decoración alguna remata el gran mandala. ¿Por qué? Tanto en los templos hindúes como budistas existen puntos en común, a medida que el templo se eleva, la ornamentación disminuye hasta desaparecer, una metáfora con la vida humana y la sabiduría.

A medida que el hombre crece debe dejar sus "ornamentaciones", esas cosas superfluas para acceder a planos más espirituales, de allí la gran concordancia entre templo y hombre. Algunos monjes descalzos, vestidos con sus típicas túnicas color azafrán me saludan, juntando sus manos a la altura de su pecho e inclinando sus cabezas. Hago lo propio, Namasté, el saludo-bendición.

Me encuentro en el punto más alto del templo, desde aquí tengo una excelente vista del entorno Vuelvo a sentarme, seguramente la compañía de Kairos no tardará de acompañarme para esperar juntos el atardecer en Java.

Decía líneas atrás que de joven uno tiene más interés en el futuro que en el pasado, y así debiera ser siempre, ya que en el mañana será donde vivamos, pero en algunos momentos, tal vez sin querer, nuestra mirada se vuelve hacia atrás, por suerte sin la maldición de volvernos estatuas de sal.

PALMIRA

Lo que sí, a veces, dura para siempre es el dolor de la ausencia. Un puñado de vida guardado pugnando por emerger. Por lo cual trato de encontrar una física de la búsqueda, principios como la ley de gravedad, las órbitas de Keppler, el principio de entropía u otros que encontramos en las ciencias duras que, al menos, pareciera que nos dan cierta certeza. Tal vez para acotar la incertidumbre o para reducir el nivel de angustia. Tal vez encontrar parecidos entre las metamorfosis del renacuajo, o de la oruga con las nuestras.

Somos fundamentalmente buscadores, de la verdad, del amor, de respuestas, aún frente aquello que sabemos a priori que nos las tiene, pero seguimos buscando. Esa es nuestra esencia, buscar y buscar. Y a veces, una vez encontrado lo que tanto anhelábamos, lo perdemos, como para continuar el eterno ritual de buscar. La antigua metáfora de la piedra de Sísifo. Vamos por respuestas y regresamos con más preguntas, tan absurdo pero tan real.

A veces, algo cansados, tratamos de matar al tiempo, pero se nos sugiere que eso sería herir a la eternidad, entonces, seguimos en la incesante búsqueda. Somos buscadores de huellas.

¿Es el encuentro lo importante de la búsqueda, o tal vez ambos se concatenan logrando un binomio inseparable? Algo así como que camino y meta fuera la misma cosa.

Por momentos nos encontramos sentados seguros en una cómoda silla, pero de repente, sin más, esta se rompe y caemos al piso, nos ensuciamos y no entendemos nada de lo que aconteció. ¿Colapsó la silla por algún defecto, el peso era demasiado, o quizás fue la poca resistencia del piso? No lo sabemos, pero solo atinamos a sacudirnos la tierra del cuerpo y tratar de reincorporarnos. A veces la tarea no es simple.

Comenzamos a revisar cuidadosamente la silla, el piso, nuestro peso, pero no encontramos la respuesta al accidente. Nuevamente buscando.

Y allí va el hombre tratando de entender, cayéndose y levantándose una y otra vez. Parece un absurdo, pero como siguiendo la orden de un llamado profundo, el humano se vuelve a alzar, duda, tal vez caiga de repente, quizás una o mil veces más, pero se esfuerza por continuar erguido, como ratificando aquella definición de bípedo implume al cual se referían los antiguos griegos.

Recuerdo de joven cuando veía de vez en cuando boxeo junto a mi padre, nunca entendía demasiado como aquel púgil que había caído a la lona varias veces, con el rostro ya ensangrentado, casi sin aliento, casi sin vida, se aferraba a las sogas para tratar de incorporarse nuevamente. Recuerdo aún como con angustia esperaba que desde la esquina le tiraran la toalla para que finalizara ese suplicio, esa lenta agonía.

Con los años, comprendí que eso era acaso una metáfora de la vida misma, caer y levantarse. Y tal vez sea ese el destino de un bípedo, mantenerse sobre sus dos pies más allá de las contingencias.

Pero esto no implica una maldición, quizás sea simplemente parte del orden de las cosas. Es notable como con el pasar del tiempo, uno va entendiendo los sucesos de forma diferente, ni mejor ni peor, solo diferente.

No obstante, frente a diversas situaciones, algunas sensaciones se mantienen de igual manera. Amor, dolor, pérdida, alegría, compasión, para estos pareciera que el tiempo se paralizo, y atraviesan al individuo de manera semejante en la adolescencia que en la vejez. Aquel animal que por la mañana camina en cuatro patas, al mediodía en dos y al atardecer en tres, puede sostener a lo largo de este largo día al que se refería la esfinge, sus capacidades de sentir, en síntesis el sentirse vivo, ya que el único sentido de la vida es que la vida tenga sentido.

La pregunta es obvia ¿Qué hace que la vida tenga sentido? Y aquí, la respuesta es tan personal que sería un acto de soberbia, casi una estupidez tratar de hacer una lista para que les calce a todos por igual. Aparece entonces aquel personaje que siempre me acompaño, el hijo pródigo de Saint Exupery, el Principito. En el fondo éste tiene un sólo misterio central, y éste es el núcleo del resto del relato, la imagen enigmática de la rosa. Ella es la que produce tanto las alegrías y esperanzas como las tristezas de las puestas de sol. Tanto el conocer el amor, como la nostalgia del mismo. La rosa es la que adquiere un sentido mágico, casi inquietante. Y ella nos lleva por caminos, a veces impensables. Como aquella noche en Damasco, luego de la cena con mi amigo Rodwan Tahlawi, decano de la Universidad de la mencionada ciudad.

Habíamos quedado que el chofer pasaría a buscarme muy temprano por la mañana, en lo posible antes del amanecer. Así vista las cosas, resultaban perfectamente organizadas, excepto algunos detalles como que mi chofer no hablaba ni una sola palabra de ningún idioma que no fuera árabe y que por delante tendríamos trescientos kilómetros de desierto sirio, que ni el conductor ni yo habíamos recorrido antes en nuestras vidas. Pero las fichas ya habían sido jugadas. Era enero de 1993.

Y de esta manera, antes del alba, partimos destino a Palmira, aquella ciudad que ya figuraba en los textos cuneiformes del II milenio AC. La famosa ciudad del desierto, saqueada por Antonio, tributaria de Roma con Tiberio y ciudad libre con Adriano. Pero fundamentalmente, Palmira es la ciudad de la reina Zenobia, con quien este emplazamiento se convirtió en una gran urbe imperial, hasta su caída con Aureliano.

Durante el viaje trataba de establecer algún modo de comunicación con mi abnegado conductor, del que solo logre saber su nombre, Hamid, y algunos datos entre señas relacionados con el paisaje que íbamos recorriendo, como por ejemplo que las escrituras formadas con piedras sobre las laderas de las sierras, que habíamos visto en numerosas oportunidades, inmortalizaban el nombre de su presidente, padre del actual Al Assad.

En las proximidades del Líbano —enero de 1993— me señaló un lugar en la montañas done estaban abandonados a la buena de Dios, refugiados palestinos desde hacía semanas. Cualquier coincidencia con situaciones actuales es solo simple casualidad. Unos kilómetros más adelante, señaló sin comentario alguno y con expresión circunspecta, la desviación de la ruta en dirección a Bagdad.

Poco a poco, las montañas se transformaron en sierras y más tarde, estas en colinas, como queriendo confundirse con el llano. Los marrones y terracotas salpicados de verde, fueron volviéndose ocres y finalmente pedregullo y arena. Después de recorrer el desierto por horas por fin Palmira estaba a la vista, ver este oasis desde lejos parecía un espejismo. Sus miles de palmeras datileras eran una pincelada de color en el árido paisaje.

El hecho de que este oasis en pleno desierto lograra escalar de simple aldea a ciudad imperial, se debe a los privilegios obtenidos en razón de su estratégica ubicación, que la transformó en punto obligado de paso de las caravanas que unían el comercio del Mediterráneo con las Indias y China.

Ya en las cercanías de la ciudad, vemos a ambos lados de la ruta, los puestos de los lugareños ofreciendo los frutos del oasis: diferentes tipos de dátiles frescos o secos, en cajas, bolsas o simplemente en ramas de las palmeras recién cortadas. Hamid se detiene sorpresivamente y se pierde entre los puestos para volver con una bolsa de frescos dátiles. Su gesto y su sonrisa supero todas las barreras idiomáticas.

Poniendo sumo cuidado en tener nuestros bolsillos bien provistos de dátiles, salimos a recorrer esta ciudad de Tadmur, que precisamente significa dátil, como la llaman los sirios, riquísima en historia.

La ciudad de Zenobia se desplegaba ante mis ojos como queriendo impresionarme con su belleza y esplendor del pasado. Sus espectaculares templos, como el de Baal, magnifico, imponente, que a primera vista parece greco-latino pero está fuertemente impregnado de semitismo. Sus termas, teatros, foros, tanto la arquitectura como las otras artes, florecieron en el terreno de lo sacro y lo profano, sin olvidar su riqueza y refinamiento en materia funeraria. El oasis alcanzo su esplendor en el siglo III, cuando sus dominios se extendieron por Siria y Egipto. Tristemente fue en la misma época que el emperador Aureliano marcho contra esta ciudad y haciendo prisionera a la reina, la llevo como trofeo de guerra a la misma Roma.

Ciudad abierta, Tadmur, estaba protegida por una gran muralla reforzada con bastiones. Extramuros se encontraba la necrópolis, que atestigua la opulencia de sus habitantes. Existen diferentes tipos funerarios: hipogeos, torres tumba, tanto individuales como grupales. En el museo de Damasco vería días después un hipogeo completo trasladado y emplazado en uno de sus sótanos.

El museo de Palmira, en el que se encuentran la mayor parte de los hallazgos arqueológicos del lugar, es todo un tema. No creo que en otro lugar se pueda estudiar mejor el sincretismo del arte semítico con el mediterráneo y si queda algo por ver, hoy puedo asegurar que se encuentra en el museo Nacional de Damasco, que merece un capítulo aparte.

Un anciano que hablaba francés, con un extraño atuendo compuesto de un saco de traje beige puesto sobre una shilaba corta y con un típico tocado árabe se ofreció a hacer las veces de guía. No solo relató la historia completa de este oasis hasta el momento histórico que cuentan los libros que se venden en cualquier puesto de recuerdos para turistas, sino que se adentró en el siglo XX, abordando temas como la ocupación turca, la francesa y las diferentes misiones arqueológicas, con una soltura rara de encontrar aún en profesores universitarios. Al ver mi estupor, confesó que siempre había vivido allí, es decir los ochenta y dos años que llevaba en sus espaldas, y que ya no solo contaba la historia de Palmira, sino la suya propia.

Lleno de historia y arena nos despedimos de nuestro improvisado guía y con Hamid regresamos a Damasco. A lo largo del regreso nos pararon en diferentes puntos de la ruta, pidiéndome el pasaporte en todas las ocasiones, cosa que no había sucedido a la ida. Supuse que era simplemente protocolo.

Esa noche en el hotel me enteré que había comenzado el conflicto bélico que se conocería como la segunda guerra del golfo. Misiles, aviones de combate y toda suerte de elementos de muerte y destrucción habían pasado cerca de nosotros durante todo el día, sin que nos hubiéramos enterado.

Nuevamente la estupidez humana volvía a mostrar su cara. Desde la ventana del hotel podía ver el movimiento de blindados ir y venir. Argentina tuvo la feliz idea de apoyar esa incursión armada. ¿Qué hacer pues? Simplemente quedarme allí. Seguir huellas.

La noche fue inquietante, el silencio de las anteriores en poco se parecía a ésta, pero temprano, luego de un frugal desayuno decidí partir para el comienzo de la historia.

Para muchos historiadores, el fin de la prehistoria y el comienzo de lo que llamamos historia se produce con un hecho maravilloso de la humanidad: la creación de la escritura. Si bien yo no comparto esa tesis, ya que hubo pueblos que carecieron de escritura y fueron civilizaciones de primer nivel, como los Incas por ejemplo, sin lugar a dudas el primer alfabeto fue algo revolucionario. Y esta mañana de invierno en medio oriente, voy camino al encuentro de aquel alfabeto.

Los jardines que rodean al museo de Damasco me recuerdan a los del museo de Estambul, árboles añejos, un sinfín de capiteles, fustes y basas de columnas por doquier dando la bienvenida, a la vez que presentando una pequeña muestra de lo que se exhibe en el interior. Pero el parecido que pude hallar con este museo o cualquier otro que haya visitado hasta hoy, se acaba en el preciso instante en que los árboles descubren su acceso: tuve frente a mí, la fachada de un castillo del desierto del período omeya, del siglo VII, perfectamente adosado al edificio principal.

Con esta introducción podrán notar que adentrarse en el museo de Damasco, es entrar en una enciclopedia del arte antiguo. Encontrarse en escala 1:1 con todas aquellas obras que alguna vez estudiando vimos fotografiadas en los libros, es cosa que se repite como mágicamente cada dos pasos: arte sumerio, babilonio, persa, asirio, griego, romano, semita, todo está allí. Aquellos reyes famosos, Sargón, Gudea, los grandes patesis, tiene en este museo sus esculturas, armas y hasta utensilios de uso cotidiano.

Franqueando la entrada me introduzco en un largo y oscuro pasillo completamente desierto. Consulto mi reloj pensando que el museo estaba cerrado, pero no, había abierto sus puertas desde hacía más de dos horas. Salido de algún lugar que no pude definir, apareció un cuidador que me indicó el comienzo del recorrido, señalando las penumbras al tiempo de encendió las luces. Vi frente a mí a Gilgamesh, que me miraba con los ojos cansados de su aburrida inmortalidad y un poco más a la derecha a Sargón de Acad, posiblemente uno de los reyes más importantes de la historia de la humanidad.

Mientras recorría las diferentes salas, sentía que me saludaban uno a uno los grandes dignatarios del pasado. Como para hacer aún más teatral ese efecto, una vez que dejaba una sala, las luces volvían a apagarse, quedando unos segundos a oscuras hasta que se encendía la siguiente para descubrir un nuevo tesoro. En la próxima estancia, cientos de estelas en cuneiforme exhibían sus relatos. La más famosa de todas, la de Ur, aún conserva algo de sus colores originales, rememorando el enfrentamiento entre sumerios y los pueblos semitas. Me sentía un Champolion, del subdesarrollo claro. De repente en otra sala en penumbras, un pequeño vidrio apenas iluminado llama mi atención, me acero y allí está, de mucho menor tamaño de lo que imaginaba, el primer alfabeto de la humanidad, aquel encontrado en Ugarit.

Saqué del bolsillo de mi abrigo una tabla de alfabetos que había conseguido en Malula y con ella en mano voy tratando de entender cada signo del original. Se enciende la luz de la sala y aparecen en los estantes de las vitrinas innumerables piedras con escrituras sumerias y acadias. A partir de aquí, comenzó la historia que quedaría detallada, fijada a los hombres más allá de la memoria. Este es el punto de inflexión entre la transmición oral, la cual se pierde o se deforma a través del tiempo, y los registros acuñados. Sin impresoras ni fotocopias, hace cinco mil años el hombre aprendió a aprehender y puso por escrito sus saberes. Comenzó a plasmar estelas en honor a sus dioses, a sus monarcas o a sus amores. Comprendió que debía proyectarse en las generaciones siguientes. De esta manera, estas pequeñas placas de arcilla fueron el medio donde con material fresco se acuñaba el signo de la idea a trasmitir.

Continué recorriendo el museo por horas, creo que ni los mismos sirios entienden el valor del material que aloja este edificio, o por lo menos lo disimulan con gracia. Una enorme parte de la historia antigua se encuentra allí, en algunos casos amontonada, por problemas presupuestarios a oscuras. Algo similar me ocurre cada vez que recorro el museo del Cairo. Pero aquí, con muy pocos visitantes, la impresión es mucho mayor.

Por supuesto en un país tan rico en historia como Siria, no solo el mundo antiguo está presente en el museo. La cantidad de objetos medievales es enormes como así también la colección de Coranes, desde algunos minúsculos escritos en carozos de dátiles como en libros que necesitan dos personas para transportarlos. También se encuentra en una sala enorme una antiquísima sinagoga, íntegramente construida en madera y una tumba bizantina traída desde Palmira, emplazada bajo el nivel del suelo como en su lugar de origen.

Siria siempre fue un lugar de recalada de todas las culturas de oriente, ya que fue en salida y entrada del camino de la seda. Egipcios, fenicios, turcos y cristianos dejaron sus huellas en esta tierra. La tradición cuenta que el mismo profeta Mahoma, recorría los desiertos rumbo a Siria el frente de las caravanas de su esposa Jadiyya y fue probablemente aquí donde tomo por primera vez contacto con una religión monoteísta a través de sacerdotes nestorianos.

Hora de partir, sumo a mi equipaje el primer alfabeto de la humanidad, regreso desde el comienzo de la historia.

Pasaron años, hoy Palmira está prácticamente en ruinas, la ciudad que supo mantenerse en pie durante siglos, cayó bajo los misiles de la barbarie del siglo XXI, me parece un sueño, o peor aún, una pesadilla. Aquellas esculturas asirias, persas, aquellos capiteles apoyados en el suelo en los cuales me sentaba a descansar, hoy son escombros, la barbarie, locura o simplemente estupidez del fanatismo destruyo gran parte de esta historia. Solo me queda mirar aquellas viejas fotografías.

PETRA

Ya pasó una década y media del nuevo siglo, que marcó también un cambio de milenio, parece ayer. Recuerdo aquellas primeras horas del nacimiento del 2000, sentado en el Monte de los Olivos, en Jerusalem. Al poco rato de la salida del sol, mi ruta era hacia Jordania, en busca de la ciudad rosa, de la por siglos perdida, Petra. Y allá remueve mi memoria en el arcón del ayer.

Para muchos este desfiladero que me encuentro recorriendo lo descubrió Harrison Ford en su personaje de Indiana Jones, los primeros ojos occidentales que dieron la noticia de la existencia de esta ciudad, fueron los del suizo Burkhard en 1812, al igual que la película, ésta maravilla estuvo olvidada y perdida por siglos.

Con su altura impresionante y por momentos con una tortuosa estrechez, caminar o cabalgar a lo largo del Siq, es una sensación muy fuerte. Sus paredes grises y rosadas, me hacen sentir la creatividad de esta gran diseñadora que es la naturaleza.

Aún se pueden ver los restos del monumental Arco de Triunfo de Adriano. En los nichos enormes de las laderas del siq, se encontraban otrora las imágenes de sus dioses: Artagatis, Dushara, Aruzza. Las divinidades estaban ligadas irreparablemente al agua, ya que para los nabateos era el símbolo primario de la fertilidad a ellos se hacían muchos sacrificios; el flujo de la sangre derramada, era aquí el signo de la regeneración del hombre, de hecho por doquier se pueden ver altares a esos fines. De los nabateos no sabemos realmente mucho, era un pueblo nómada que dirigía sus caravanas desde Arabia a Akaba y a finales del siglo VII a.C., se asentaron en esta zona de la Jordania actual.

Este lugar se encontraba en el camino de la seda que unía Oriente con el Mediterráneo, así que Petra se fue ampliando con el tiempo y con el aumento del comecio, debido a sus características favorables de la zona, es decir abundancia de agua y protección por medio de las montañas.

Los nabateos cambiaron de esta manera sus vidas de nómadas a sedentarios y se enriquecieron gravando impuestos a todos los contingentes que pasaban por allí a cambio de hospedaje y seguridad.

El mayor esplendor del reino nabateo fue en el periodo del siglo I a.C. al siglo I d.C. Luego los romanos, bizantinos y cruzados hicieron lo suyo y después… siglos de olvido.

El desfiladero de entrada parece eterno, me pregunto si tendrá fin. Es difícil creer que la naturaleza sola haya podido esculpir estas paredes de tal forma. A cada paso las formas se modifican junto a sus colores. En cada curva me sorprendo, hasta que de repente… aparece el frontis cortado del Tesoro del Faraón.

La visión me paraliza, si bien he estudiado Petra durante años, el primer impacto es impresionante. No se puede entender esta ciudad enclavada en esta parte del desierto. No envidio al pobre Burkhard, que habiendo pasado por lo mismo que yo, tuvo que disimular pues en eso iba su vida.

El Khazneh Farum, como llaman los beduinos al tesoro, está totalmente enclavado en la roca y se ha conservado en forma excelente. Es una de las esculturas rupestres más logradas, con una magnífica concatenación de la arquitectura nabatea con la greco latina. El "tholo", templete circular, ubicado sobre el frontis es lo más llamativo, con sus tres esculturas y partiendo el tímpano clásico, adelantándose en dieciséis siglos al barroco.

Existía una leyenda que contaba que en la urna del segundo nivel se había escondido un gran tesoro y esta narración dio el actual nombre. El interior del hipogeo, es una sala de planta cuadrada, flanqueada por otras dos pequeñas a cada lado y otra en la parte posterior. Diferentes movimientos telúricos han dejado sus buenas marcas aquí adentro.

Descanso unos minutos sentado en su escalera de acceso. Es temprano aún y solo hay algunos beduinos que se esmeran por venderme algunos de sus cuchillos típicos. Pero Petra no es solo el Tesoro del Faraón, esta ciudad llego a tener casi treinta mil pobladores en su edad de oro, así que no es para piernas débiles. Cerca del Tesoro se halla el teatro, construido por los nabateos a comienzos del siglo I y ampliado por los romanos en el año 106. En mi vida tuve la oportunidad de recorrer decenas de teatros, los mejores a mi criterio, en Bursa y Palmira, aquí cerca en Siria, en Sbetlia en Tunez y en Cesarea, peo este en que me encuentro ahora tiene algo de especial. Este teatro con capacidad para ocho mil personas, es el único en el mundo que está totalmente excavado en la misma piedra, con lo cual, podríamos decir que es una mega escultura.

Sigo recorriendo la parte oriental donde se hallan las tumbas reales, por supuesto esculpidas en la pared del monte. La tumba de Uma es una de las más prodigiosas, se encuentra circundada por una columnata y la fachada es un claro ejemplo de la simplicidad decorativa nabatea. Bajo la dominación bizantina, este edificio fue sede del archivo Tribunal y posteriormente iglesia cristiana como lo demuestran algunas inscripciones en la pared del fondo.

El otro plato fuerte de esta ciudad es el Al.Deir, el Monasterio, monumento nabateo utilizado por los cristianos como lugar de culto. Al verlo desde abajo ya imagino el dolor de mis piernas esta noche, pero anudo los cordones de mis botas y allí voy. A medio camino de subida puedo ver la Tumba de los Leones, con la extraña forma de cerradura que tiene su acceso. El camino se estrecha cada vez más, solo el paso es para una sola persona hasta que se abre un gran atrio desde donde se puede ver Al-Deir, en medio de dos enormes murallas de piedra. Los expertos lo describen como la tumba de Rabbel II. El gran patio que precede al templo, permitió dar lugar a una gran cantidad de peregrinos.

El ancho de Al-Deir supera los cincuenta metros y su altura está en cuarenta. El dintel del portal se eleva a los ocho metros. Recuerdo mi primer contacto con el hipogeo de Ramses II en Abu Simbel, impresionante, me pareció insuperable. Hoy, aquí, ese concepto comienza a ser relativo.

Construir excavando, debe haber sido el lema de mis colegas nabateos, la obra debía salir completa y decorada, ya que añadir elementos hubiera sido imposible. Suena increíble para un pueblo de tradiciones nómadas tanta perfección en sus obras.

Pasaron horas, Petra se convierte más en la ciudad rosa hacia la tarde, debo volver al siq, al desfiladero, único cordón que comunica con el exterior. Unos pocos metros en el siq y la misteriosa ciudad ha desaparecido. Debo confesar que Petra era una de las deudas que tenía conmigo mismo desde hacía años... Vuelvo a mirar atrás, presiento que volveré.

MADURAI

Es casi mediodía y si bien la térmica fuera de aquí supera los treinta y tres grados, dentro del templo por momentos siento frío. Tal vez la gran estructura pétrea sostenida por sus mil columnas, tal vez algunas cobras que escapan de sus canastos o los cientos de murciélagos que cuelgan de techo, porque no la inmensidad de este lugar sagrado. Tal vez, simplemente mi ignorancia.

Miles de fieles ingresan por diferentes accesos, algunos con sus ligeras túnicas y saris de cien colores, otros casi desnudos. Ancianos, jóvenes, niños. En algunos puedo ver las marcas de la lepra, en otros miembros amputados, en la mayoría el sello de grandes hambrunas. Pero hoy aquí, no existe la tristeza, no hay dolor, todos ríen y los oscuros ojos brillan por doquier.

Shiva, el gran dios que continuamente todo lo destruye para que el eterno ciclo pueda volver a comenzar con su danza cósmica, ha dejado después de meses su residencia en el monte Kailash, allá en los altos Himalayas, para venir aquí a reunirse como lo viene haciendo desde siempre con su consorte Menaski, aquí en Madurai, una de las ciudades más santas de la India, junto con Benares, Rishikesh y Haridward. Ahora en el templo de las mil columnas, que lleva el nombre de la mujer del gran dios, la pareja sagrada es honrada de diferentes maneras, con cánticos, oraciones, flores, leche. En el santuario todo es fiesta.

La marea humana sigue aumentando, contar hombres y mujeres aquí es tan difícil y absurdo como en toda la India, cientos, miles.

Un elefante con sus tres líneas anaranjadas pintadas sobre su trompa, cual metáfora del dios Ganesh, hijo de Shiva, en una de la puertas del templo continúa incansablemente bendiciendo a los peregrinos que ingresan, tocándolos suavemente con su trompa y honrando de esta forma a sus padres celestiales.

¿Cuánto tiempo hace que estoy aquí? Difícil de medir, por otro lado las manecillas del reloj del tiempo de este lugar van a destiempo con el que llevo en mi muñeca. El mío marca horas de sesenta minutos, todas iguales, todas de indefectiblemente sesenta minutos.

El tiempo en los lugares sagrados se mide diferente, pero lo terrible es que aún no he aprendido como hacerlo.

Kairos, hermano de Cronos, ambos miden tiempos diferentes. Cronos, aquel titán que devoraba a sus hijos cuál metáfora de que el tiempo todo lo consume, es mi reloj y que siempre me acompaña, el que marca todas las horas iguales. Pero Kairos es diferente, es aquel que hace que un minuto pueda parecer un siglo y viceversa, es aquel que por momentos parece lograr que todo se detenga, aquel que cuestiona la temporalidad del tiempo. Es sin más, el tiempo emocional, el afectivo y tal vez el sagrado.

Aquí, al igual que en los lugares donde los humanos buscan lo superior, lo sagrado, en esos puntos donde se cruzan las rutas de los peregrinos que intentan recorrer el camino de dios, más allá de sus creencias; es Kairos quien maneja las manecillas de los relojes. Relojes que marcan tiempos sin tiempo.

Pero repito, aún no sé cómo hacerlo. Tal vez deba despojarme de las costumbres que aprendí en las escuelas, de mis mandatos. Debo aprender a ser humilde… pero no puedo repudiar al intelectual que dormita en mí.

De hecho los intelectuales creen que el mundo debe parecerse a lo que ellos piensan, los técnicos del poder no tienen una opción distinta. Así se es proclive a sacrificar la vida presente de los hombres a la idea que nos hacemos de los modelos de organización.

Una característica de nuestros tiempos y que se extiende especialmente desde el siglo XVII hasta nuestros días fue sustentar una concepción del tiempo lineal, continuo y homogéneo.

Los factores más relevantes para esta interpretación del concepto del tiempo han sido el avance en las ciencias naturales y especialmente en la física.

Durante años la cosmovisión mecánica de Isaac Newton, llevó a considerar el tiempo como absoluto y autónomo.

A esto se le agrega un dato anterior y no menor: la invención del reloj mecánico en el siglo XIV y su impacto en la convivencia social.

Este invento modifica radicalmente el concepto del tiempo, pues a partir de entonces, el tiempo humano es puesto en referencia al tiempo de ese reloj donde un minuto es el tiempo del recorrido del segundero en dar una vuelta del cuadrante del reloj. Por primera vez un minuto es un minuto en todo el mundo.

Si bien el tiempo que plantea Albert Einstein cuestiona el tiempo absoluto y se separa de él, se presenta como un tiempo abstracto ajeno al tiempo humano.

Pero la densidad del tiempo de los hombres es heterogénea. Aquí se presenta Kairos en todo su esplendor y los griegos anteriores a los padres de la metafísica, Platón y Aristóteles, ya planteaban este tiempo humano, como lo hicieron Gorgias y otros sofistas. No existe acción humana que escape al condicionamiento emocional

Y lo sagrado no es regido por el intelecto y no se acomoda fácilmente a nuevos modelos.

Con sólo mirar a mí alrededor puedo convencerme que quienes me rodean ahora difícilmente aceptarían otro modelo sin más. Por otro lado me pregunto porque debieran hacerlo.

A principios del siglo XIX, Georg W. F. Hegel afirmaba que sólo el hombre es capaz de tener religión, mientras que el animal es incapaz de ello como de saber lo que es derecho y la moral. Paralelamente John Lubbock declaraba por su parte que hay razas de hombres totalmente carentes de religión. Hacia 1839, Auguste Comte, postulaba la ley de los tres estados, según cual el primero de estos estados de la humanidad es el religioso, en el que todos los fenómenos se explican recurriendo a agentes sobrenaturales.

Los dos estados posteriores eran el metafísico seguido

por el científico como última fase de la evolución. Edward B. Tylor y Lewis H. Morgan formularon entonces una ley de evolución, en virtud de la cual la organización social pasaba necesariamente del salvajismo a la barbarie y de allí a la civilización.

A partir de esto y con un poco de creatividad e imaginación se llegó a asociar salvajismo con religión y civilización con estado científico. Como consecuencia, los salvajes y primitivos se volvieron repentinamente más religiosos que los civilizados.

Los occidentales tenemos una mentalidad abstracta, analítica y dicotómica, tanto que a veces el péndulo va desde lo ideal puro hasta lo material exclusivamente, no pudiendo casi nunca concatenar ambas puntas. El oriental en cambio, es concreto, imaginativo, sensible.

Está interesado en la historia, a lo abstracto lo encarna en la parábola, el cuento y el mito. Para el oriental, la palabra no es el logos, algo puramente intelectual sino todo un acontecimiento; para él, la idea y acción se complementan, jamás pueden ir separadas.

En oriente, la fría razón abstracta se convierte en mito simbólico y relata algo existencial. Oriente tiene lógica, claro, pero su lógica.

Por un lado la lógica paradójica generada por pensadores como Lao-Tsé y Confucio; por otro, la lógica de relación que interpreta al mundo no como ente separador sino como una telaraña de relaciones. Por último, otra gran diferencia con el pensamiento occidental, podría radicar en que el oriental preferentemente pone énfasis en la intuición.

¿Acaso podemos olvidar el peso aún tiene sobre la conducta de los occidentales aquella teoría resumida por

Descartes a principios del siglo XVII en la frase: "pienso luego existo"?

Tal vez Pascal, el más oriental de los pensadores clásicos, cansado y algo desilusionado del mundo de la razón pura, nos haya alcanzado cierto alivio con otra aseveración: "el corazón tiene razones que la razón no entiende".

Aquí y ahora estoy en un recinto sagrado, en un encuentro de creyentes con sus dioses y en un tiempo controlado por Kairos. No importa demasiado si se es hinduista, budista, judío, cristiano o musulmán. Tampoco importa si se es primitivo o civilizado. El encuentro del hombre con su Dios, es común a todas las creencias. El templo es el lugar del rito, de la iniciación, de la danza sagrada. También del secreto y los misterios. Es a la vez el principio y el fin del camino mismo. Es la arquitectura sagrada por definición.

Es en templo, más allá de sus formas, tamaños e implantación, donde se sugieren los símbolos y tradiciones de los textos sagrados y es dentro de él, donde aún conservan su significado más profundo y veraz.

A través del tiempo, los lugares sagrados fueron los depositarios de las tradiciones esotéricas.

Me pregunto ¿y si desapareciera el templo, el lugar de reunión de los fieles, la sala de oración?

Los rituales, las escrituras y las tradiciones que adquieren su significado a partir del contexto del lugar sagrado, se convierte, como señaló Jacob Neusner, en un mapa sin territorio.

Las tradiciones quedan suspendidas en el espacio, sin lugar donde practicarlas. Por otro lado aquellos rituales que se realizaban en un marco arquitectónico, se transforman en un proceso mental, se traslada al hombre, naciendo de esa manera la tradición mística.

Alguna vez escuché que la tradición mística es la transferencia de los rituales del edificio sagrado a la mente de quién los practica.

Continúo sentado en el piso mientras contemplo la gran danza cósmica que se desarrolla a mi alrededor. Cientos de ojos me miran, saben que no soy de aquí y no obstante me invitan a participar de sus expresiones.

Una anciana me regala un collar hecho con pétalos de flores mientras una niña apoya su dedo sobre mi frente dejando una marca roja como símbolo de purificación.

Tal vez trata de abrir mi tercer ojo para que pueda encontrar luz más allá de mi ceguera. Quizás la pequeña intuyó mejor que nadie mis limitaciones.

Para algunos llegar aquí a Madurai es comenzar un diálogo con el color, sus gopuran, pórticos de acceso buscan el cielo en forma de pirámides policromadas sobre cargadas de esculturas de cientos de dioses y animales sagrados.

Esta ciudad ya era próspera en época de Augusto y algunas monedas encontradas dan testimonio de la existencia del comercio entre estos territorios y Roma.

La edad de oro llegará con la dinastía Bandeja a partir del siglo XIV y hasta el siglo XVII, cuando fueron levantados los diez grandes pórticos del templo. Este santuario es visitado todos los días del año por más de diez mil peregrinos, Madurai es la ciudad de los festivales y el templo de Menakshi es su epicentro.

La leyenda cuenta que fue Indra, dios del trueno, quién fundó el templo clavando un lingam en este paraje y ordenando a los arquitectos su construcción alrededor de él como respeto al dios Shiva y que los colegas de antaño realizaron un gran estanque donde nacieron lirios de oro.

Hoy, los fieles se bañan en este estanque para purificarse.

Existía la creencia que esta agua no sólo servía para purificar almas, sino también para juzgar la pureza de los libros escritos por los tamiles, los habitantes de esta zona.

Así los sacerdotes tomaban la obra en cuestión y la arrojaban al estanque, si esta flotaba había pasado la prueba y merecía conservarse y difundirse ya que aportaría sabiduría, En el caso que se hundiera, simplemente se la dejaba bajo las aguas.

El punto culminante del templo es precisamente donde me encuentro sentado, el salón de las mil columnas —realmente novecientas noventa y siete— totalmente construido en piedra, donde cada columna es una escultura; para nuestro concepto sólo el barroco puede acercarse morfológicamente a un templo drávico.

Si, esto es sin duda un lugar sagrado, por ende sin tiempo, algo así como instalarse en una ucronía, pero que dejará sus marcas en mí.

BENARES

En nuestra sociedad son muy pocos los que se dedican a reflexionar sobre la muerte y por consiguiente, cuanto implica ésta para la vida. En lo racional sabemos que algún día moriremos, pero desde lo emocional, solo lo negamos, como si bien supiéramos algo, pero no lo aceptamos.

La historia de la humanidad nos muestra que la mayoría de las culturas han integrado la muerte a la vida y por demás de manera benéfica. Los mitos y ritos a través de milenios, nos cuentan sobre esta integración en la vida cotidiana en vez de evadirla. Pero hoy la muerte nos pone nerviosos.

Nuestra cultura generó el delirio de la inmortalidad y de esta manera nos oculta la muerte para perpetuar el triunfo del tener sobre el ser. Pero todo lo que adquiere forma, acaba por disolverse y todo lo que comienza debe terminar, y mientras no nos reconciliemos con estas verdades jamás tendremos verdadera paz.

Como en otras veces anteriores, llego a embarcarme en un viejo bote con la noche bien oscura aún. Solo las llamas de las piras funerarias marcan la línea de la costa. El silencio es solo roto por el sonido de los remos al rozar el agua.

Benares, una de las ciudades más antiguas del mundo, que reposa sobre el río más sagrado del planeta, el Ganges. A través de milenios personas de diferentes castas llegan aquí para ser incineradas en estas orillas, sus cenizas serán arrojadas a las aguas sagradas para concluir con esta vida y esperando no volver a reencarnar para alcanzar el moshka, el nirvana. Sin más la eternidad, lograr terminar con el fatigante ciclo del samsara, de reencarnaciones, de nuevas vidas terrenales y por consiguiente del dolor que ello trae aparejado.

Este espacio-tiempo a que llamo mi vida, es un grano de arena en el inmenso desierto de la eternidad, y es como lo entiende la gente que aquí me rodea. Pocos lugares producen al visitante tantas sensaciones a la vez, de hecho muchos se retiran a los pocos minutos de estar aquí. Es entendible, la muerte resulta casi extemporánea, siempre resulta una ruptura sorpresiva, casi inesperada, aun cuando la vemos venir. Nuestra cultura occidental está sostenida sobre el apego y acondicionamiento a la vida. Aquí las parcas se muestran con su mayor dureza, en su mayor realismo.

Mientras el sol comienza a iluminar desde la costa opuesta, Benares despierta un día más y al compás de las piras que continúan alimentándose con leños, la gente emprende sus actividades cotidianas. Lavar la ropa en el río, hacer las abluciones diarias, los niños a jugar, los mendigos a pedir y los sadhus a meditar. Todo esto y mucho más entre los cadáveres que se acumulan esperando su turno para acceder a los crematorios. Una barcaza repleta de troncos casi roza nuestro bote, simplemente el combustible para dejar este mundo sin arrastrar más karma.

He recorrido esta costa tantas veces que ya no recuerdo cuantas, de joven, de no tan joven, pero la sensación es la misma siempre y la pregunta tan fatal como la primera vez: ¿cuál es el sentido de la vida?

En algún viaje por aquí llegue a pensar que era un buen lugar para morir. Con el tiempo me pareció que el lugar sería irrelevante. Supongo que aquí el final es menos dramático, ya que solo es un acto más de lo que sucede alrededor. Aunque suene tonto, en esta orilla morir parece ser solo un simple trámite. Los cadáveres se llegan traídos en andas por las calles envueltos en túnicas, se los lava con las aguas sagradas, y luego el fuego se encarga del resto, hasta que las cenizas vuelven al agua.

Y a medida que el astro rey se levanta, todo en la costa se transforma en un aquelarre. Para un espectador neófito, esto se parecería más a una fiesta y es que para estas personas cada día es una fiesta, la muerte es solo parte de ella. Algo así como honrar la vida entendiendo que el fin de ella es parte compositiva del todo. Supongo que algo complejo de entender para la mayoría de nosotros. Aunque con los años, cada vez que vuelvo por aquí, la angustia de las primeras veces se fue disipando, como si una intensa niebla se levantara con el tiempo y dejara ver con más claridad. ¿Resignación? ¿Sabiduría? ¿Comprensión? En verdad, no tengo la menor idea y tampoco creo que sea relevante la respuesta.

Algunos botes se acercan para venderme ofrendas hechas con flores y hasta algunos hacen bromas salpicándonos. Simplemente el juego de la vida.

Pasa el tiempo y desembarco en las escalinatas, dejo mi embarcación, camino unos pasos y me siento en el borde. Me descalzo y sumerjo mis pies en el río, muy cerca de una de las piras. Simplemente contemplo las diferentes escenas que se desarrollan a mi alrededor. De repente registro que un hombre si edad, vestido con algunos harapos y con tres líneas anaranjadas pintadas en su frente, típico de los seguidores de Shiva, se encontraba sentado a mi lado. Un sadhu, un hombre santo, quizás un gurú. Me mira y me sonríe, junto mis manos y saludo, Namaste. Hace lo mismo. Pasan unos minutos y me dice: "hoy es un buen día".

Sí, hoy es un buen día. Un día espectacular, único, como debieran serlos todos. Un día lleno de huellas.

TRAS LOS PASOS DE LOS MONGOLES

En el pequeño avión que me trasladaba a Samarcanda, se podían apreciar pocos rasgos occidentales entre sus pasajeros, no solo en lo atinente a su aspecto físico, sino a sus vestimentas, idiomas y hasta el tipo de comida servida durante el vuelo. Me encontraba en la Unión Soviética.

Entendí entonces de cuan abruptamente habían cambiado los códigos cuando en un vuelo anterior, bastante similar al actual, me toco comer el almuerzo con las manos, luego de haberlo extraído de una bolsa plástica –amablemente distribuido por la azafata–, mientras un cachorro de san Bernardo, muy cerca de mí, lo hacía en un plato de porcelana.

Tan diferente es occidente a estos lugares, que al llegar a la ciudad, sorprendía encontrar accidentalmente algún occidental, obviamente turista proveniente de nuestra mitad del mundo, que por lo general, no sabe muy bien porque llegó aquí. En mi caso, iba tras los pasos de los mongoles, artífices de un gran imperio, y esta ciudad sacada de un cuento es un buen lugar para comenzar.

Samarcanda es una ciudad pequeña, emplazada en el centro de Asia, punto neurálgico del camino de la seda, arrasada por el Gengis Khan y llevada a capital del imperio por Tamerlan dos generaciones después. En el siglo XV, este asentamiento superaba ampliamente a la Florencia del renacimiento en todos los órdenes, sea considerando hospitales, escuelas, universidades, obras de arte y por supuesto en habitantes. A fines de los ochenta, bajo décadas de la órbita de la URSS, no era más que un pueblo grande, pero lleno de maravillas para el viajero.

Obviamente la primera incursión es el mausoleo de los timúridas, tumba de Tamerlán y sus descendientes, conocido como el Gur Emir. Su cúpula azul en forma bulbosa, se divisa desde lejos, la perfección de sus mosaicos y de toda la decoración logra un equilibrio perfecto. En el interior, esa cúpula de doble casco, se va convirtiendo en polígonos hasta descansar en un planta cuadrada, tal cual lo hacían los romanos. La decoración, íntegramente policromada, refleja la luz que se filtra por unas pocas aberturas para lograr el espacio místico que envuelve los sarcófagos pétreos de la dinastía.

Además de los integrantes de la familia real, diecisiete en total, sobre uno de los muros se localiza la tumba de un hombre santo del lugar, enterrado allí antes de iniciarse la construcción del mausoleo y fue la que decidió en cierta medida el emplazamiento de este. Sus puertas, como todas las de la ciudad, son un capítulo aparte. Créame el lector que cada una de ellas es una obra de arte en sí misma.

Dejo el Gur Emir y comienzo a recorrer a pie la ciudad, ya que la escala de la misma permite caminarla en un día, particularmente si nos concentramos en los monumentos civiles y religiosos de mayor relevancia. Restos de obras importantes yacen por doquier, en parte por las invasiones que arrasaron la región, en parte por el paso del tiempo sumado a la falta de restauración y por último por obra y gracia de los movimientos telúricos que por aquí son comunes. De hecho horas antes de mi arribo, cerca de aquí en la ciudad de Dushambe se localizó el epicentro de un terremoto escala siete.

En lo alto de una colina comienza a divisarse las cúpulas del Sha Zinda, un complejo funerario en el que se encuentran las tumbas de varios notables. Dado que este lugar es considerado sagrado por los creyentes, tres visitas aquí para un musulmán, equivalen a una peregrinación a La Meca, lo que eleva a Samarcanda al rango de ciudad sagrada, como Jerusalem o Kairohuan o Medina para este credo. El Sha Zinda es el muestrario de cúpulas más increíble que existe. En este complejo –que en síntesis es un gran corredor con tumbas a izquierda y derecha– uno puede reconocer toda la evolución de diseño y construcción de estas estructura circulares a través de dos cientos años: de las hiladas avanzadas, a las bulbosas, pasando por las de nervaduras, las peraltadas, de doble casco tantas otras.

Al entrar al complejo, una señora muy mayor, con sus atuendos típicos me detiene frente a una escalera y me dice entre señas y un precario inglés, que cuente los escalones al subir y al bajar. No entiendo el porqué, pero luego de tan febril intento por parte de la cuidadora para darse a entender, bien vale la pena hacerlo. Arriba comienzan las tumbas; famosos astrólogos, filósofos y reyes descansan aquí. En algunos paramentos aún se encuentra gran parte de la decoración original, en la mayor parte se puede observar el ladrillo visto mostrando la herencia iraní.

Como en toda la ciudad, predomina la decoración en la gama de los azules y turquesas, presente no solo en los muros exteriores de las bóvedas, sino también en las cúpulas, los interiores y en los sarcófagos mismos. La tumba más importante del complejo, es la última del recorrido, la del rey Hussein, quien según se dice, era pariente del profeta. La leyenda cuenta, que decapitado el guerrero en batalla, fue llevado para ser enterrado en este lugar y ante los ojos de los presentes, se puso de pie, tomo su cabeza entre sus manos y dijo que no bastaba una vida para defender la verdadera fe, y así, ante el estupor de todos, se sumergió en las profundidades de la tierra. El nombre del complejo Sha Zinda, quiere decir precisamente "el rey vive".

Pasan las horas, no sé cuántas, entrando y saliendo de cada una de estas tumbas y comienzo a desandar el camino. El sol ya se oculta, los días son cortos en enero en estas latitudes y el frío y la nieve son los protagonistas. Ya abandonando el lugar cuando aquella mujer del inicio del camino se apura a preguntarme: ¿cuántos escalones? Le contesto con los dedos y algunas palabras, me mira en silencio y me dice: usted es santo.

Días después supe que muy pocos logran contar con exactitud los escalones y que la prueba es algo así como un examen de rectitud espiritual. ¿Cuántos escalones son? Si el lector puede seguir tras los pasos de los mongoles en la bella Samarcanda, espero que pueda comprobarlo por sí mismo y pasar a engrosar junto con otros tantos la lista de los virtuosos santos.

Continúo la recorrida de la ciudad por varios días, por momentos el frío se hace sentir con mucha dureza.

Cuando uno piensa en los mongoles, automáticamente viene a la mente las ideas de destrucción, saqueo y barbarie, sin embargo la conquista mongola, pese a todos los desbordes, condujo a una estabilidad de relativa paz en Asia. La "pax mongola", similar a la famosa "pax romana", permitió que se establecieran relaciones terrestres entre el Mediterráneo y el extremo oriente, como bien lo muestra el relato de Millone del incansable viajero Marco Polo.

Antes del siglo XIII, los mongoles profesaban generalmente el budismo y veían con cierta simpatía a los cristianos nestorianos. En ese momento la oportunidad política sugirió al soberano Ghazan Khan y a sus ejércitos convertirse al Islam, lo que significó la asimilación completa de los dominadores del Asia Central a seguidores de las enseñanzas de Mahoma.

Más allá de esto, los soberanos mongoles empeñados en la reconstrucción de los territorios conquistados, llamaron a sus cortes a literatos y artistas de todas partes, lo que favoreció, en un clima cosmopolita, la integración de diferentes culturas. De sus relaciones con el extremo oriente, quedaron las influencias en el campo de las miniaturas y la cerámica, sustituyendo el espíritu ornamental y la gráfica persa por el dibujo pictórico de la tradición Yuan.

De esta manera, ciudades como Tabriz y Samarcanda en pocos años se reconstruyeron y se convirtieron en importantes centros del saber. Y aquí me encuentro en el Reghistán, la plaza mayor de unos de estos centros de Samarcanda, elevada como dije algunas líneas atrás en capital del imperio por Tamerlán. Estar en este lugar implica pensar en el mencionado monarca, aquel turco mongol, musulmán fanático, aventurero feroz y gran jefe que jalonaba su sucesión de victorias en los caminos con las pirámides erigidas con las cabezas de los vencidos.

En su afán de conquista, Tamerlán, quien conquistara Persia, derrotara a la horda de oro y tomara Crimea dominando la red comercial entre Asia y Europa, se dejó caer sobre Delhi, incendiándola por completo, paso a degüello poblaciones enteras en Siria y Georgia y en la batalla de Ankara, tomo como prisionero al propio sultán Bayaceto II, retrasando así en medio siglo la caída de Constantinopla. Parece impensable ver a este turco mongol sanguinario, ser un increíble mecenas para las artes, pero fue así.

Y será aquel mongol que fue más siniestro qee el mismo Ghengis Khan, para esta parte del mundo quién hará converger en este suelo, en Samarcanda, a los mejores arquitectos y artistas del oriente. En un imperio que se extendía de Rusia hasta China, las artes y el saber comenzaron a fluir hasta esta tierra que piso.

Junto con la arquitectura, la miniatura mongola constituye la expresión más acabada de las artes de este sector del planeta. En el apogeo de su desarrollo, gracias al apoyo de los emperadores que continuaron a Tamerlán, su fama llegó hasta el corazón de Europa, donde causó la admiración de maestros como Rembrandt. A diferencia del mundo islámico, existe una notable tendencia naturalista que se advierte en los bosquejos de animales, flores y árboles, como también se pueden hallar ejemplos de la técnica del retrato.

Recuerdo aquella vez que pude ver el primer manuscrito "sobre la utilidad de los animales", conocido como el bestiario de Morgan, en la Morgan Library de Londres. El ave fénix, los osos, trabajados a la manera de la escuela de Bagdad, pero con un estilo distinto, ligero y bidimensional, lo que implica la influencia del lejano oriente. Aquí, a miles de kilómetros de Trafalgar, vuelve a mi mente aquellas imágenes iluminadas, ¿Por qué? Pues estoy parado en el centro del Registán, esta enorme plaza donde el hombre se siente una hormiga, flanqueda por tres de sus lados cerrados por la soberbias madrasas –escuelas coránicas– la de Ulugh Beg, la de Tilakara y la de Shir Dar y es precisamente la fachada de esta última la que llama mi atención.

Al igual que las otras, el gran pórtico de acceso con sus minaretes incorporados y sus gigantescas cúpulas de doble casco, están totalmente revestidas de cerámicas con sus motivos geométricos y sus versos del Corán en caligrafía cúfica y najdi. Pero allá arriba, coronando la fachada, los tigres y las gacelas y un sol antropomórfico, diferencia a Shir Dar de las otras dos. De hecho justifican su denominación: "el león rampante". Los rasgos orientales de la cara del sol y los motivos animales, están mostrando el gran impacto del oriente en el arte islámico que no es figurativo por definición.

En un imperio tan extendido, era de esperar las penetraciones culturales desde sus fronteras y esto es lo que sucedió durante el período mongol. El peso de las civilizaciones milenarias de India y China, se hizo sentir en este lugar a través de sus elementos típicos. Recuerdo las palabras de lord Curzon al referirse a esta conjunto: "Yo no conozco nada en el Este, que se acerque en su simplicidad y en su grandeza". Supongo que estoy sintiendo lo mismo que el gran estadista y viajero inglés.

Comienza a nevar nuevamente, hace frío, realmente mucho frío y aquí se sirve uno de los mejores tés del mundo. ¿Por qué esperar? Además esa también fue la bebida preferida del tan mentado Tamerlán.

TECHO DEL MUNDO

Pocos lugares de la tierra pueden soportar los ataques del mundo exterior frente a la modernidad y la despersonalización que ésta trae aparejada, aún las culturas más cerradas sufren tarde o temprano este embate.

Sin embargo Nepal –la tierra de Sanghri La– supo defenderse a sí misma y solo sufrió alteraciones de tipo superficial. Su núcleo cultural, social y espiritual continúa inalterado en gran parte.

Y en esta cruzada, las palmas deben ser repartidas entre la naturaleza y los hombres. La situación geográfica de Nepal lo convierte en una isla rodeada por tres puntos cardinales por los Himalayas, colosos que parecen hundirse en el cielo. La frontera sur por lo demás, es una espesa selva que se confunde con la India. Cualquier comunicación fluida con el mundo exterior se hizo trabajosa hasta el advenimiento de la aviación. Hasta ese momento, solo había lugar para caravanas de elefantes internándose en pasos de montaña y en selvas cuasi vírgenes hasta llegar a Katmandú, donde se concentra el grueso de la población del país.

Los hombres, como también he dicho, hicieron el resto. Los gobernantes de Nepal mantuvieron el país aislado del mundo hasta 1951, en que la dinastía Rana de primeros ministros abandono el poder, instaurándose nuevamente la monarquía como forma de gobierno. Hasta entonces solo unos pocos extranjeros invitados por los gobernantes habían podido visitarlo. Aún hoy no existe carreteras que comuniquen a Nepal con sus vecinos, ni ferrocarriles en todo su territorio.

La ciudad de Katmandú con sus ladrillos rojos, sus tejas oscuras y sus puertas y alféizares tallados, sembrada de templos y palacios, continúa su vida sin demasiados cambios desde hace siglos. Aún conserva parte del Singhadurber, el palacio de los Ranas, con sus mil setecientas habitaciones, que fue sin dudas la residencia más grande del mundo.

Entre las estrechas calles que rodean la plaza del palacio, se encuentra el corazón del verdadero Katmandú. Allí el olor a comino, del curry, la mostaza, la canela y los puestos de comida callejera, se mezclan produciendo una sensación difícil de transferir. Los fieles hindúes se detienen para dejar su ofrenda en el santuario de Maru Ganesh, el dios cabeza de elefante, la deidad de la buena suerte, protector de los hombres y sus cosechas.

Plaza y calles son un tumulto de gente que sin embargo se mueve sin prisa, cansinamente. Sobre mí se muestran orgullosas las ventanas de los pisos superiores de las casas, verdaderas obras de arte en sí mismas, con sus celosías de madera magníficamente talladas.

La maestría de los nepalíes en estos trabajos, los colocan indiscutiblemente en el cenit de la arquitectura en madera, que nada tiene que envidiar a los logros de los países escandinavos o las maravillas expuestas en Suzdal o Vladimir en las afueras de Moscú. La primera impresión que se lleva el visitante es que el material esta tejido, delicadamente rodeado de puntillas y de modo alguno tallado.

Ver fabricar esas piezas en los talleres es toda una experiencia. Piezas que van desde el tamaña de una pequeña deidad a un conjunto de ventanas son realizadas por un ejército compuesto por cientos de mujeres en cuclillas, con gubias y tacos de madera –a modo de martillo– que golpean sin parar las tablas, haciendo surgir formas como si ya se encontraran dentro y no esperan más que descubrirlas.

Muchas de estas ventanas están colocadas con una inclinación hacia afuera para ver la calle, de esta forma las mujeres y los niños tienen una excelente vista hacia el río de gente que bajo ellos transita. De la mayoría de estas ventanas cuelgan alfombras multicolores realizadas por los tibetanos que han hecho de Nepal su hogar en el exilio desde la anexión china. Además se agregan mazorcas de maíz puestas a secar, ropas y otros objetos cotidianos que hacen de las ventanas una suerte de escaparate.

Mientras tanto allá arriba, colgadas de los extremos de los aleros de las altas pagodas, cientos de campanillas suenan, por efecto del viento, en una sintonía sin fin, ahuyentando a los malos espíritus y convocando a los benefactores.

Resulta curioso que diversas culturas compartan estas creencias respecto al sonido de las campanas y su poder sobre los espíritus. Mi viaje por esta tierra recién comienza y tal vez esa música me acompañe durante toda la estadía, bendiciendo mi recorrido con el constante tintinear que se expande desde el techo del mundo.

Pero si me preguntaran si existe alguna plaza central de alguna ciudad en el mundo que pueda destacarse de las demás por el impacto que produce sobre el visitante, contestaría que sí, sin dudarlo. Por supuesto que plazas como la de Siena, Vaticano, la Mayor de Madrid u otras tantas son impresionantes, pero a la que yo me refiero se encuentra en el techo del mundo, aquí cerca de los Himalayas, y la población de esta ciudad no llega a las cien mil almas.

Su nombre, Patán, y se encuentra muy cerca de Katmandú, pero sus muros encierran más historia que los de la capital de Nepal. Patán, la de los mil techos dorados, la ciudad de los artesanos, ya era un foco cultural importante cuándo Buda la visito en el siglo V ac., y el emperador Ashoka, dos siglos y medio más tarde que el iluminado, en medio de su despertar religioso, hizo levantar cinco stupas conmemorativas. El budismo sigue siendo hoy muy importante en este lugar ya que cien monasterios funcionan en las inmediaciones.

Si bien incursiones bélicas y movimientos telúricos han azotado Patán, y fue reconstruida varias veces, uno al caminar por sus calles se siente que se encuentra en el medioevo. La plaza del Durbar –todas las mismas centrales en las ciudades de Nepal llevan ese nombre– es difícil de olvidar y acompañara el viajero por el resto de su vida.

El antiguo palacio real, está construido en ladrillos rojos con innumerables tallas de madera alrededor de puertas y ventanas, la impresionante pagoda que se eleva desde el centro del palacio, con sus voladizos que se asemejan a enormes alas y las monstruosas figuras que custodian la sala, dejan al visitante simplemente perplejo. A menos de cien metros, decenas de templos de diferentes estilos se agrupan en forma anárquica en la plaza, hindúes, budistas, sikks, pequeños altares, todos han encontrado un emplazamiento que solo da belleza a la plaza.

Como en todas las plazas de Nepal, una enorme campana cuelga de un gran marro de madera, donde sherpas, gurkas, tibetanos y otras etnias viven en armonía. El templo de Kumbheswar no solo impacta por su tamaño y decoración, sino que en él, reside según los hindúes el dios Shiva durante los meses de invierno, para regresar luego al monte Kailash en el Tibet. Los habitantes de esta ciudad, que se detuvo en el tiempo, saben honrar a su visitante supremo. Los días de fiesta, que en este solar no son pocos, los hombres y mujeres caminan por esta plaza espolvoreando arroz coloreado y flores, mientras hacen rodar las rudas de oración junto a plegarias frente a los santuarios.

Asombra que un pueblo tan místico, pueda a su vez ser pragmático en su espiritualidad, las ruedas de oración, tambores esculpidos con inscripciones en sanscrito que giran sobre su eje, al rodar elevan sus plegarias a los dioses. Una versión similar se ve en las stupas coronadas por banderas y la gente circunvalándolas. Mientras los sacerdotes recitan incansablemente sus oraciones en un ángulo de la plaza, ha comenzado la procesión de Krishna.

Si alguna vez el lector tiene la posibilidad de ver la película "El pequeño Buda", espero que recuerde estas páginas, ya que parte de la vida de Siddharta fueron filmadas en este lugar. Mientras tanto, yo sigo recorriendo las calles de Shangri la, la tierra de James Hilton.

Hoy la mayoría de las obras comentadas ya no están, simplemente quedaron enterradas bajo escombros después del sismo de magnitud 7.8. Las vidas humanas perdidas se cuentan por cientos. Solo puedo pensar en lo frugal y pasajero que a veces me parece todo.

CUERPO Y TIEMPO

"... si escapa al tiempo, ¿a qué registro del orden de las cosas pertenece el deseo indestructible?"

Interesante frase que sostiene Lacan, pues ¿qué es una cosa sino lo que dura idéntico por un tiempo? Desde ya la primera pregunta que viene a la mente es ¿cuánto tiempo? Realmente es difícil saber a ciencia cierta cuanto es mucho tiempo y cuanto es poco, desde ya que esto sucede también con otras magnitudes como la distancia, el espacio; en ciertas ocasiones cien metros es poco menos que el infinito y en otras mil kilómetros es muy cerca. De hecho un año luz es una magnitud de distancia y no de tiempo como pudiera sugerirlo el nombre.

Pero volvamos a lo nuestro, el tiempo, sostiene Borges que la identidad humana depende de la memoria y que la memoria depende de considerar al tiempo como una secuencia. ¿Será realmente así? Para la postura judeo-cristiana el tiempo es lineal, consta de un principio, un recorrido y un final. Pero esta es solo una posición, una manera de entender el tema. Para otros el tiempo responde al modelo heraclitano, circular, sin principio ni fin, un eterno volver para comenzar de nuevo un ciclo sin fin.

¿Qué sucede pues con nuestros cuerpos, con los que cargamos cada día y todo el día y con aquellos cuerpos que creamos? ¿Qué será de la obra que se encuentra frente a mí? Cada vez que me detengo frente a obras de miles de años de antigüedad me pregunto cuanto supondrían sus autores que durarían en el tiempo. ¿Tal vez que las verían sus hijos, sus nietos, quizás la eternidad?

Preguntas, muchas más que respuestas. De eso se trata pues, de reflexionar sobre nosotros, nuestras obras y el tiempo.

El homo sapiens es un hacedor innato. Desde su origen en el planeta no ha dejado jamás de crear y aún en algunas etapas donde pareciera que este espíritu creador se tomó un descanso, cuando uno profundiza el estudio, notará que no es así, siempre el humano va por más. El camino siempre es hacia adelante. Quizás sea ese el verdadero sentido humano. Pero ese "adelante" es fundamentalmente en la dimensión temporal, adelante es mañana, el futuro.

Un niño pequeño tiene entre sus manos unos cubos de madera, los analiza, los recorre, los empieza a apilar… así nace su primera obra. Tal vez décadas después se convierta en una torre de cientos de metros de altura para cobijar miles de personas. El proceso fue bastante similar, proyectar y proyectarse, de eso se trata.

Decíamos líneas atrás reflexionar. También sobre el autor y la obra dentro de la magnitud temporal. Aunque parezca absurdo, en la sinusoide de la historia de la humanidad, hay períodos donde el binomio creador-resultado se pierde por centurias por caminos complejos. Veamos, si se le pregunta a la gente quienes son –por ejemplo– los autores de tal o cual catedral medieval, seguramente no sabrán quienes fueron las mentes que las crearon o las manos que las erigieron, sin embargo todos o al menos la mayoría conocen a Notre Dame de Paris o un sinnúmero de catedrales góticas, abadías románicas o castillos del medioevo. Pareciera que esa etapa de la historia de la edad media dejo como legado a sus magníficas obras pero en el anonimato a la mayoría de sus autores.

Por el contrario, si nos situamos en el renacimiento, los hombres, es decir los grandes maestros, opacan a sus obras. Es difícil que los no especialistas sobre el particular, conozcan más de tres o cuatro obras de Miguel Ángel, Leonardo, Donatello o Ghiberti, sin embargo la mayoría si conoce bien a estos genios del arte y podrían nombrar varias obras de estos autores. Por supuesto podríamos dar ejemplos en diferentes períodos históricos a lo largo y ancho del planeta.

¿Qué sucede pues?

Este fenómeno de discernir entre autor y obra, en síntesis, entre guionista y resultado, ha ido oscilando desde el origen del homo sapiens, y el por qué hay que encontrarlo en el tiempo, y por consiguiente en el espacio en que se produce el hecho.

Hay momentos, como el humanismo donde aquella frase, *more humano,* resalta al hombre sobre los resultados que pudiera producir. Es el autor, el diseñador quien se perpetúa, las obras son el resultado de ese genio. De hecho conocemos el nombre del primer gran diseñador de la historia, Imhotep, el constructor del gran complejo de Sakkara para el rey Zoser de la tercer dinastía egipcia, tal fue el reconocimiento de Imhotep que fue ascendido a la categoría de dios. El otro gran diseñador fue el mítico Dédalo, el planificador del asombroso laberinto de Cnosos, para ser habitado por el minotauro. No fue tarea menor la de Teseo, encontrar a la bestia, darle muerte y quizás lo más difícil, encontrar el camino de salida, claro la historia hubiera sido otra sin el hilo de Ariadna.

En otros momentos y lugares, la persona queda relegada frente a la obra. Siglos enteros parecen desconocer a aquellos creadores que levantaron obras majestuosas. Cuantos poemas que hemos estudiado en nuestras escuelas eran anónimos. Cuantas obras que recorremos sin tener datos de sus hacedores o simplemente de las mentes que las pensaron.

Hasta podríamos hacer una analogía entre abstracción y realismo. Hubo períodos, algunos relativamente largos, donde el arte, cualquiera fuera sus manifestaciones fue bien realista: el paleolítico, el del imperio romano, la escultura gótica. Otros momentos el abstraccionismo llevo la delantera: el neolítico, el románico, el cubismo, el surrealismo y todo el arte musulmán. Por supuesto esto es de una síntesis extrema, pero es solo para ejemplificar. Desde ya que hubo períodos –quizás los más extensos– donde los que primó fue un eclecticismo donde convivieron diferentes estilos y movimientos. Nuestro tiempo es fiel representante de ello.

Todo comenzó con aquel niño apilando un juego de cubos. Uno sobre otro, se caían y nuevamente comenzaba el pequeño la odisea de mantenerlos alineados, en forma vertical, una y otra vez, a lo largo del tiempo hasta que un día la torre quedo como se quería, erguida, casi solemne. Sí, todo comenzó de esa manera. Me recuerda aquella frase que el universo está en las manos de un niño que juega.

Nuevamente más preguntas: ¿debemos entonces siempre que analicemos una obra de arte, cine, diseño, arquitectura, comenzar por colocarlo dentro de su contexto histórico? La respuesta es sumamente sencilla: SI. Todo fenómeno, aún si no fuera obra humana, solo puede ser comprendido y por consiguiente analizado dentro de coordenadas tempo-espaciales. De no ser así, ¿dónde emplazaríamos el hecho? ¿Sobre qué campo epistemológico podríamos comenzar a discutir? Desde el Big Bang, pasando por los dinosaurios y hasta el último Ipad, todo se produce en las mencionadas coordenadas.

Cuando decimos paleolítico, neolítico, precámbrico o posmoderno, estamos precisamente ubicando en el tiempo tal o cual hecho. Nada escapa al tiempo y dentro de él suceden todos los hechos humanos o no, en él se marcan las huellas.

Las cosas, los hechos, los hombres, son solo en un lugar y en un espacio, como decía el poeta, no hay otro tiempo que el que nos ha tocado, y en ese tiempo nos haremos como individuos, como sociedad y de allí saldrán nuestras obras. Algunas se extinguirán dentro del tiempo en que nacieron, otras perdurarán en algunos casos por centurias o milenios. Es muy ejemplificante aquellas palabras del historiador Abu Salif: *"todo teme al tiempo y el tiempo a las pirámides"*.

Que el tiempo tema a algo es sin lugar a dudas una expectativa del imaginario humano, por eso no hay mitología donde algún héroe no vaya en busca del elixir de la inmortalidad.

La eterna relación texto-contexto, lo producido y el donde y cuando se produce. La descontextualización de la obra es un error bastante recurrente en el cual suelen caer algunos críticos. La "cosa", el "acto", es siempre en un lugar y tiempo, por ejemplo un tipología dórica hace veinticinco siglos atrás en la acrópolis de Atenas era un templo. Esa misma tipología en nuestros días en cualquier ciudad moderna puede ser sede de una universidad, una entidad bancaria o albergar cualquier otra función.

Fue allá por los finales del siglo XIX que se comenzó a resguardar los lugares arqueológicos y tratar –con no demasiado éxito– de no trasladar los objetos a otros lugares. Hoy más de un siglo después comienzan aparecer los museos virtuales, dejando de esa manera los resultados de esas civilizaciones en sus lugares de origen.

Por otro lado el hombre es un ser social e histórico, pero no nace social e histórico, se hace social e histórico. Y allí yace lo importante, se hace, y esto sucede en un contexto tempo-espacial. Y este contexto implica todas las pautas culturales de su tiempo y de su lugar.

En este hacerse, el hombre genera obras de todo tipo y no sabe a priori cual será el período de vida de esas obras. Va de suyo que tampoco sabrá sobre su propio tiempo. ¿Cuánto tiempo puede el resultado sobrevivir al autor? ¿Qué impacto causará aquello sobre las generaciones futuras? ¿Habrá pensado Fidias que tras dos mil quinientos años los humanos seguiríamos contemplando sus obras y solo eso sino el impacto que produjo en otras obras a través de ese tiempo? Seguimos hablando de huellas.

Nuestro tema hoy es el binomio cuerpo-tiempo y como en ese devenir se acomodan las obras que los humanos vamos realizando. ¿Qué hace que tal arquitectura, música, pintura o lo que fuera, se proyecte hacia el futuro, hasta en algunos casos transformarse en paradigmas?

¿Por qué lo greco-latino sobrevivió siglos encontrándose hoy presente en la posmodernidad, mientras que otras filosofías y tendencias del arte simplemente se desvanecieron en la historia? ¿Por qué decenas de lenguas desaparecen año a año del planeta mientras otras crecen?

Pero volvamos por un instante a ese hombre que se hace. Ese hombre –usted, yo– se proyecta, trasciende su hoy, y en este futuro que no existe pero hay que hacer, comienza la angustia que implica en parte superar el hoy. En el fondo todos queremos que nuestras obras duren mucho: hijos, cuadros, música. En síntesis queremos futuro. Que nuestras obras logren la eternidad

El ser humano es un animal fascinante, limitado por doquier y siempre tratando de escalar el Olimpo.

El hombre a diferencia del animal, sabe que muere, sabe que al final del camino de la vida se encuentra la oscuridad de la noche y sobre este insondable fondo de tinieblas entreteje su vida, de allí la definición de animal sufriente. Tal vez predestinado, como sugieren algunas religiones y filosofías y nada ni nadie puede escapar del kismet, del destino, como el famoso cuento del esclavo que huye a la mañana de Bagdad por ver a la muerte allí, en la plaza, y que por la noche ésta lo espera en Damasco, hacia donde el propio infeliz había huido para liberarse de la parca.

Tratar de que la obra sobreviva al autor es en síntesis eso, escapar al tiempo, traspasar la finitud humana, simplemente dejar marcas, huellas. De hecho es real aquello de que los hombres son juzgados por sus obras, sus legados. Lo notable es que será el futuro quien realizará el balance de lo que sucedió en el pasado, un tiempo porvenir quien juzgara al tiempo que lo antecedió. El tiempo midiendo al tiempo, suena tragicómico, pero es así, nos movemos en la dimensión temporal y no podemos escapar a ella. Pronosticar, indagar en el futuro, querer saber que sucederá mañana es parte de ser humano.

Serán los hijos quienes cuestionen los actos de sus padres, hijos que a su vez serán juzgados más adelante por sus propios hijos y así por siempre. De allí que todos quisiéramos el domingo tener a mano el diario del lunes, pero no tenemos otra alternativa que esperar al lunes.

Desde nuestros ancestros recolectores y cazadores pasando por la aurispicia –lectura del hígado que se le quitaba a la víctima aún viva, realizada por los patesis sumerios para leer el futuro–, hasta la astrología moderna, siempre hemos querido escrudiñar más allá. Hasta ver el simple pronóstico del tiempo: ¿lloverá el fin de semana? Desde la magia, las religiones o las ciencias duras, la incógnita del futuro no deja de quitarle sueño al hombre. Por eso de que el hombre es *un ser por venir*, y claro, que bueno sería saber cómo es ese "venir". Nuevamente debo esperar el lunes.

Conozco mi presente y mi pasado más allá de las interpretaciones que pueda hacer de ellos y con todas las distorsiones que ello implica. Pero el futuro, es por definición lo inexorable, lo insondable, el gran enigma. En él se verán reflejadas mis decisiones de hoy, él será el espejo donde se reflejarán las acciones realizadas con anterioridad. Todo será en él.

Y el hecho de que ese desconocido sea el enigma por definición, lo transforma en el generador de angustia.

Las diferentes manifestaciones artísticas y tecnológicas, son claro exponente de lo que venimos desarrollando. Resultados que hacen al hombre más humano, compartiendo aquella visión hegeliana de que cultura es entre otras cosas modificación de la naturaleza. Mediante estos "resultados" el hombre aprehende y aprende de sus contingencias. Pasa de la simple adaptación al medio, a lograr que ese medio se convierta a su escala, es decir a escala humana, humaniza a su entorno. El hombre como centro como lo planteara Protágoras, al igual que el hombre de Vitrubio o el Modulor de Le Corbusier. Él es la escala del mundo y se proyecta en el tiempo y a través del tiempo.

Estamos en el amanecer de un siglo agitado, en las últimas dos décadas se inventaron más cosas que en toda la historia de la humanidad. Para algunos futurólogos, más del ochenta por ciento de los objetos que usaremos a mediados de la próxima década aún no han sido inventados. ¿Parece ciencia ficción? Pues no, está científicamente comprobado.

El planeta tierra seguirá, si no sucede nada extraño, girando sobre su eje y trasladándose con los tiempos que lo viene haciendo desde cuatro mil quinientos millones de años atrás. Sin embargo nuestros tiempos parecen que por momentos se aceleran. Nuestros cuerpos, los que portamos y los que creamos seguirán sus historias, sus ciclos, atados al tiempo.

Como planteaba Shakespeare, que es la realidad sino aquello que queramos que fuera. Somos unidades bio-psico-sociales, en síntesis individuos que filtramos toda la información que nos llega a través de nuestros sentidos y emociones. Veamos.

Una hora no es simplemente una hora, es un recipiente lleno de perfumes, de sonidos, de proyectos y de clima. Lo que llamamos realidad es una cierta relación entre esas situaciones y recuerdos que nos circundan simultáneamente, relación única que el autor debe encontrar para encadenar para siempre su discurso. Entendemos como discurso toda enunciación que supone un "hablante" y un "oyente" y que el primero intenta influir sobre el otro.

De hecho, las obras y monumentos, ¿no influyen acaso sobre un sinnúmero de "oyentes" a través del tiempo?

¿Pero, de qué tiempo hablamos?

Los griegos tenían dos personajes en su mitología que explicaban claramente este tema. El primero es Cronos, el tiempo mensurable, ese que hace que todos los minutos tengan sesenta segundos, siempre sesenta segundos, es el tiempo que mido con mi reloj, con el calendario, siguiendo los ciclos astronómicos. Cronos, quien todo lo devora, quien se come a sus propios hijos, con quien habrá de usar la astucia para poder salvar al mismo Zeus de ser engullido por su padre. El implacable Cronos. Pero hay otro tiempo, Kairos, el tiempo sensible, emotivo, aquel que hace que un minuto parezca un año y una hora un segundo, es el tiempo que dura un beso, la contemplación de una obra… En síntesis el tiempo sin tiempo, algo así como adentrarse en una ucronía.

Kairos es el tiempo emocional, el de los sueños, de las fantasías, de los anhelos, el de la vida vivida con mayúsculas. Es el tiempo que se siente en las tripas y nos hace vibrar.

Y de esa manera vivimos en dos planos alternativos, el del tiempo mensurable y programado, como decía Borges, *las tardes a las tardes son todas iguales a las tardes*, y por otro lado el de mi vivencia, que será diferente a la suya a la del otro, será mi tiempo subjetivo, donde estaré inmerso en kairos. Como planteaba Marcel Proust "… *mi alma nace todos los días, se sacude de cualquier peso que la quiera domesticar y renace para volver a renacer*". O a su famoso momento que al saborear una magdalena le viene a la mente una serie de recuerdos ya olvidados.

¿No le ha pasado acaso querido lector que un aroma, una melodía, una situación lo remonta años atrás? Allí volvió Kairos.

Como planteaba el padre del existencialismo, Martin Heidegger, el ser es temporalidad y la muerte es quien condiciona esa temporalidad, de allí que a diferencia de otros posibles que puedo realizar, no podré jamás decir "me he muerto". No obstante el hombre es un ser arrojado a lo ilimitado, al infinito, a la intemporalidad, aunque suene extraño, arrojado al futuro, por consiguiente a lo impredecible. El hombre marcha hacia él, más allá de lo rectilíneo o zigzagueante que pueda ser su recorrido. Va de suyo que sus obras van con él, muchas veces más allá que él.

Dice Sófocles en Antígona: "… *muchas cosas son admirables, pero ninguna como el hombre. Es él quien al otro lado del espumante mar se traslada llevado por el impetuoso viento a través de las olas que braman, a lo largo del tiempo*". Esta frase fue escrita hace dos mil quinientos años, en época de Pericles, precisamente cuando la Acrópolis de Atenas se reconstruía totalmente con materiales duraderos para soportar el desgaste del tiempo, un legado para el futuro, obras realizadas para ir más allá de los tiempos. Recordemos que cuando contemplamos el Partenón, allí en el mismo emplazamiento se encontraba el Hecatompedom, el templo de los cien pasos, construido en gran parte en madera e incendiado en las guerras contra los persas. Trascender el tiempo y sus vicisitudes necesitaba de diseño y materiales nobles, y desde entonces el mármol de la mano de Fidias lo logró.

El hombre necesita para vivir, al igual que agua y comida, metas, precisa un para que, algo que esté más allá del hoy. ¿Y porque todo esto? Porque el humano es el único ser con capacidad de transformar lo sucedido en suceder, de allí que el futuro sea por definición el motor de lo que haga, de lo que diseñe, es el para qué y ese mañana condiciona la aquí y ahora. El porvenir es el repertorio y a la vez el lugar concreto de los sueños. Es el Partenón de mármol.

Pensemos por un instante en los hechos y las obras llevadas a cabo por nuestros ancestros. Siempre fueron en pro del mañana, desde los monumentos funerarios, que en el último de los casos resultan ser obras para la perpetuidad, los templos, el arte, la literatura, la filosofía, absolutamente todo fue concebido para trasvasar el presente.

Aún la estructuras de todas las religiones se proyectan hacia adelante: la tradición hindú con los avatares, supuestamente encarnaciones de lo divino, de allí la espera de Kalki, los budistas esperan al Buda Maitreya, los judíos al mesías, algunos musulmanes al Madhi y los cristianos la vuelta de Cristo. Por dar solo algunos casos. Sin afirmar ni negar ninguna de estas creencias, todas tienden a trascender el espacio-tiempo.

Esta conciencia se puede entender en términos psicológicos como la búsqueda de lo que Maslow llamó metavalores en la condición corporizada, es decir valores elevados que tiene que ver con el mejoramiento del ser y eso se produce en una dimensión del futuro.

Las nuevas tecnologías en el mundo de la informática que permiten mostrar los diseños de una manera icónica, tal que imitan la realidad como antes nunca se pudo lograr, los nuevos materiales y procesos que año a año se incorporan al mercado y una sociedad que en las dos últimas décadas se abrió por completo al mundo del diseño, hizo de éste algo tan complejo y cambiante que lo transformo en uno de los segmentos más fascinantes de la vida cotidiana.

Una sociedad donde pareciera que el tiempo se aceleró, donde lo creado ayer ya es viejo, donde en esta modernidad liquida, parafraseando a Baumann, la basura, lo que se tira es más importante que lo que se adquiere, ya esto mañana ya terminara en el cesto de residuos. ¿Cuál será el tiempo de duración de los "cuerpos" creados en esta sensación de montaña rusa?

La globalización en todos sus aspectos, obviamente facilito este proceso de integración, basta con recorrer el mundo por cualquier continente para ver la mano de tal diseñador o tal tendencia más allá de su lugar de nacimiento. En los últimos meses tuve la oportunidad de recorrer centros y facultades de diseño en diferentes países de Europa, África y Asia, y la temática en cuestión se repetía: las obras de tal diseñador –Gheri, Foster, Piano, Hadid, etc.– o tal tendencia –minimalismo, high tech, etc.– en tal o cual lugar. Algunas reciben serias críticas por su descontextualización respecto al entorno, otras son aceptadas a regañadientes, pero esto llegó para quedarse, al menos por un largo tiempo. De hecho, la historia cuenta con antecedentes más que importantes: el arte greco-búdico, es decir la influencia de la herencia de Alejandro en Asia, el arte colonial americano que no es otra cosa que la traspolación del barroco a América o los diferentes "neos" que se produjeron a través de los últimos siglos. Si, ya tuvimos atisbos de globalización, sino simplemente pensemos en el imperio romano o mogol.

Lo que diferencia la globalización actual de las anteriores mundializaciones, es que antes por muy grande que fuera un imperio con su extensión cultural, siempre fue regional, hoy

si es global. Hace solo doscientos años una carreta del alto
Perú a Buenos Aires necesitaba casi dos meses para cerrar su
travesía. Hoy la información es en "tiempo real" –palabra
que pueden sonar absurdas–, es decir el mensaje, emisor y
receptor todo junto en centésimas de segundos. Llegamos
a la civilización de los nanosegundos, de los nano milíme-
tros y otros tantos nanos. Antes impresiona lo grande, hoy
asombra lo pequeño, realmente lo muy pequeño.

Comencé este ensayo diciendo que pasaron tres décadas
desde mi primer libro. Desde ya que sucedieron una serie interminables de sucesos imposible de registrar en estos
años. Pero sin lugar a dudas, los cambios más fundamen-
tales son aquellos que se producen dentro de uno y al ir
escribiendo y reescribiendo estas páginas me fui conven-
ciendo que realmente es así. Por eso siempre he sostenido
que lo que pasa en la filogénesis se repite en la ontogénesis.
Y supongo que a todos nos sucede algo similar, al menos a
aquellos que contamos con algunas décadas sobre los hom-
bros. En el último de los casos solo se trata de ir dejando
huellas en las arenas del tiempo.

METEORA

"Monasterios suspendidos en el cielo", eso significa Meteora, un complejo de edificaciones de culto ortodoxo situado en la cima de los montes Tesalia, al norte de Grecia. Esta comunidad formada por un monje exiliado del monte Athos, ha sobrevivido hasta nuestros días, si bien ha sufrido un sin número de odiseas inclusive aún durante la segunda guerra mundial ya que fue bombardeada por los alemanes cuando la resistencia griega se refugió en sus claustros.

Estar sentado en este paisaje es algo especial, con un cielo turquesa, con el infinito como límite y con el silencio como protagonista. Pero hagamos algo de historia.

Athanasio, el monje en cuestión con una serie de seguidores, comenzó en el siglo XIV la construcción de este complejo para defenderse de los turcos otomanos. Hoy solo quedan seis de los monasterios, cinco para albergar solamente hombres y uno donde se encuentran monjas. Para entender el principio de esto, debemos remitirnos alrededor del año mil, cuando comienza un fuerte crecimiento del eremitismo en occidente, fenómeno que podemos comparar con el budismo o hinduismo en India unos siglos antes. Al igual que en las cuevas de Ajanta, Meteora es el lugar perfecto para separarse del mundo y entrar en un universo de meditación y entrega religiosa.

Eremitas, anacoretas, ermitaños, son solo nombres utilizados para designar a aquellas personas que por decisión propia deciden retirarse en soledad para la oración, la penitencia o la meditación sin sujeción a un orden jerárquico.

En occidente fue San Pablo quién comenzó con esta práctica, la cual se difundió muchísimo. Desde fines de la edad media, el concepto de ermita cambio al de un santuario dedicado a un santo específico, llamando al hombre o mujer ermitaño o sea quien cuida la ermita.

Al principio del siglo XI, en esta región de Grecia, vivían los meteoros, es decir "los caídos del cielo", que se refugiaban en cuevas altas para estar más cerca de dios. Con el tiempo los eremitas dieron paso a monasterios, dando de esta forma el comienzo de la vida monacal.

Sí, solo seis quedan de los veinticuatro monasterios que se encontraban en Tesalia, los más conocidos son el de la Metamorfosis o Gran Meteoro, el de San Nicolás, el de la Santa Trinidad y el de San Esteban.

Pero la geografía del lugar y el enclave de estas obras ponen al visitante los pelos de punta. Un monasterio a más de seiscientos metros sobre el nivel del mar en la cima de un peñasco conduce a dos preguntas: ¿Cómo se hizo este paisaje?, ¿cómo llegaron allí arriba para hacer esta construcción?

La primera es fácil de responder, como esto se encuentra en Grecia, pues Zeus con sus rayos se encargaron de la extraña topografía –una salida elegante–. La segunda, la responde Edison, noventa por ciento d transpiración y diez de inspiración –otra salida académica–.

Este austero centro monástico constituye no solo un lugar para la oración, sino también para ejercitar la humildad. Es un sitio ideal para la meditación, y porque no, para recorrer el arcón de la memoria.

Dejando atrás el pintoresco pueblo de Kastraki, voy ascendiendo por una cuesta, en algunos tramos con pendientes de más de treinta grados, hacia donde se asientan los monasterios. Un ascenso que lleva horas, ya que es imposible no detenerse continuamente para admirar el paisaje. Sentado sobre un peñasco, solo contemplo a mí alrededor, ¿Por qué incluí a Meteora en este libro de memorias? Simplemente porque sentado en esa piedra decidí darle vida a estas líneas y a desafiar mi memoria, mis huellas.

NAMASTE

Planteé al principio de este ensayo que es difícil extraer sólo algunos recuerdos del arcón de la memoria. Recorrí entonces algunos de esos momentos que generaron un fuerte impacto en mí, o al menos en "aquel" yo. Pero no podía cerrar este libro sin volver a desandar por la mayor concentración de hombres y mujeres que una vez cada doce años se juntan para lograr la purificación no solo de sus almas sino también para toda la humanidad.

Como dijo Shakespeare, existen más cosas en el cielo y en la tierra de lo que la imaginación puede crear, y tras años de andar debo aceptar aquella afirmación del gran escritor inglés.

Entre tantas fortunas que he tenido en mi vida, figuran varios viajes a la India, pero este tiene algo de especial, tan especial que tuve que aguardar años para esta ocasión. He sido peregrino en Santiago, en Tierra Santa, en Indonesia, en Nepal, en Roma y en tantos otros lados. Pude compartir desde la comida hasta la oración con cristianos, judíos, musulmanes, hinduistas, budista, sikks, pero en mi destino tal vez encuentre la síntesis de lo que busco desde hace años.

No importa demasiado la religión que uno abrace, ni a los dioses que se oren, ya que en el fondo todos somos peregrinos, caminantes en busca de aquella quimera que llamamos perfección, y por consiguiente, de un sinfín de perfecciones que nos hacen más y más humanos. Tan humanos, como para crear aún más allá de la naturaleza, como ser una vida espiritual, la cual logro ponernos en este proceso hacia adelante en el camino de la búsqueda de la perfección. Camino que jamás se detiene, aunque a veces dudemos hacia dónde vamos, como considero que nos sucede en la actualidad.

Pero el camino es hacia adelante, siempre hacia algo mejor y eso implica luchas, desvelos, sacrificios y como diría Paul Tillich, coraje. Y así, de esta manera, peregrinando, mi meta es hoy Hadiwar, de las ciudades, aunque pequeña, más santas del mundo. La cita: el Kumbha Mela, la reunión religiosa más descomunal del mundo .En pocas horas y durante algunos días, alrededor de ocho millones de humanos nos juntaremos en este lugar a las orillas del Ganges.

Como en todos los momentos trascendentales de la vida, ya no hay lugar para preguntas sin respuestas, aunque la vida es a veces eso, un simple transitar de solo preguntas, tal vez parte de nuestra simple condición humana. En pocas horas, muy poco de mis conocimientos, de lo aprendido, de mis posesiones y de todo lo que hace de mi ornamentación serán útiles. En pocas horasserán, seguramente, mis miserias las que enfrentarán al Kumbha. Esta vez no habrá armaduras que puedan proteger a un simple occidental de aquello que siglos de razón lograron sepultar en una densa capa se argumentos. Pues esta vez, solo se existe y tal vez, solo tal vez se piense.

Luna llena en Risikesh, el sol se encuentra en Capricornio y Júpiter en Aries, otras conjunciones menores están alineadas. Risikesh, la ciudad de los sabios, solo su nombre ya impresiona. Desciendo lentamente las escalinatas que conducen al Ganges, sin duda el curso de agua más sagrado del planeta. A ambos lados de mi recorrido, sadhus, gurúes, y encantadores de serpientes me acompañan con sus miradas y sonrisas. Faltan minutos para comenzar la celebración de la lua llena. Tratar de contar gente aquí sería algo totalmente absurdo, miles y miles de hombres y mujeres de todos lados de la India y de países limítrofes se dan cita en estas orillas. En algunas ocasiones el Kumbha congregó más de diez millones de personas.

Cientos de niños se acercan para ofrecerme unos barquillos realizados con hojas de palma, que contienen inciensos flores y una pequeña vela para depositarlos encendidos en el momento de las ofrendas sobre las aguas del río. De repente suena una trompeta muy potente, busco la fuente de la melodía y puedo ver un gurú soplando el caparazón de un gran caracol llamando al inicio del ritual. Sin más comienzan los cánticos, acompañados de timbales, diferentes instrumentos de viento y todo aquello que logre hacer música. Aquí, aún el más agnóstico no puede dejar de creer, al menos, que en el hombre, en el que tiene a su lado, en los miles que lo rodean, en síntesis de creer en uno. Eso ya no es poco, creer en uno, shivaitas, vishnuistas, brahananes, ancianos, niños, sanos y enfermos, de diferentes castas, todos iguales frente a la diosa Ganga.

El sonido ve in crescendo, los mil colores de los saris de las mujeres, de las flores, los diferentes olores de las especias y perfumes es imposible de trasmitirlo a través de palabras. Al compás de los himnos comienzan las ofrendas y el caudaloso río se transforma en un cauce de fuego. Las miles de navecillas cargadas de flores, velas encendidas y deseos iluminan la noche en su loco descenso por las aguas sagradas, para zozobrar y apagarse en algún lugar más adelante… tal vez una metáfora de la vida misma. Muchos se sumergen haciendo abluciones para la purificación. Yo simplemente descalzo, sentado en una de las escalinatas, con mis pies en el agua contemplo. Huellas que quedarán en mi memoria por siempre.

Estos hombres y mujeres, entienden que se puede alimentar y hacer crecer el espíritu, así se coma mal y salteado. Aquí comprendí la diferencia entre pobreza y miseria, ellos la mayoría son pobres, algunos extremadamente indigentes, nosotros en cambio somos menos pobres, pero ¿Qué hacemos con nuestras miserias? Esta gente comprende que ser feliz es un trabajo, el mayor de las odiseas humanas, la cual no cesa un solo momento en el trascurso de la vida.

Pasaron algunos días, quedaron algunas huellas de esas que marcan a fuego, el Kumbha Mela llama a su fin y estas notas también. Algo cambió para todos los que estamos aquí, lo notamos en los encuentros de las miradas, no somos los mismos ¿Quiénes somos entonces? Una frase de un viejo monje budista llega a mi memoria: …*"el fin del mundo para una oruga, es una mariposa para el maestro"*. A vivir pues con nuestras huellas, ya que en parte somos el resultado de ellas.

TIBET

La vida gira alrededor de la alternativa entre ser y devenir, pero el devenir es siempre fragmentario y el ser es total. Yo soy aquí y ahora, el mañana, una incógnita.

Schopenhauer señala que cuándo el hombre llega a una edad avanzada y mira atrás en su vida, le puede parecer que esta ha tenido un cierto orden, un cierto plan consistente, algo así como si hubiera sido compuesta por un novelista, como guionada. Desde ya que algunos puede que no les guste la novela.

Hechos y situaciones que cuando tuvieron lugar parecieron accidentales y de poca importancia, resultan ser factores indispensables en la composición del argumento.

Pero ¿quién compuso el argumento, quién fue el guionista? El filósofo sugiere que así como los sueños están compuestos por un aspecto de uno mismo del que la conciencia no sabe mucho, así también la vida entera está compuesta por la voluntad que hay dentro de cada uno.

De esta manera, personas que hemos conocido aparentemente por puro azar, se convierten en agentes principales de la estructuración de la vida de uno, así también habremos servido nosotros como agentes, sin saberlo, dando significado a la vida de otros.

Y allí, en cada situación, más allá de las contingencias, las cosas suceden. Como dice un viejo proverbio árabe *"monte con monte no se juntan, pero gente del monte sí"*.

Nunca sabremos a ciencia cierta si eso se debe a la gran incapacidad de los mortales para descubrir estas situaciones. Toda la trama marcha pues al unísono, como en una gran sinfonía, como en una gran novela y cada uno sin saberlo, inconscientemente, estructurándolo todo. Y así como si nuestras vidas fueran los rasgos de un gran sueño de un solo soñador, en el que todos los personajes del sueño también sueñan, así también es el modo en que todo se enlaza con todo, movido por la voluntad única de la vida.

Es la gran metáfora hinduista de la trama de Indra, para la cual la vida es una red, donde en cada cruce de un hilo con otro, hay una gema que refleja a todas las demás, todo sucede en mutua relación, con todo el universo, en el fino telar de una gran red.

Vivir es pues transitar por esa trama y cuando uno está en camino y se ve que la meta se aleja más y más, entonces comprende que la verdadera meta es el camino.

Camino que como dice el poeta, no hay, sino que hay que hacerlo al andar. Camino donde los tiempos se funden, pasado, presente, futuro, a veces parecieran que coinciden, y tal vez esa sea la situación donde pareciera que perdimos el alma.

Pero allí vamos, cargados de incertidumbre hacia el futuro.

Y andando caminos, de esta manera llegué a lo que alguna vez fue un sueño, el Tíbet, el techo del mundo, donde decenas de montañas superan los ocho mil metros de alturas. Aquí, hasta el más soberbio inclina la cabeza, el entorno supera a la mayor ficción.

La silla de Dios es la traducción literal de Lhassa, también llamada por los chinos la morada del venerable. Situada en un valle de los Himalayas, a más de tres mil metros de altura, es la ciudad más importante del Tibet, siendo por siglos la más misteriosa de oriente.

Las primeras noticias acerca de la existencia de esta ciudad llegaron a occidente en el siglo XV por medio de un monje italiano y un par de centurias después por un misionero portugués. Pero tuvieron que pasar algunos siglos más para que yo pudiera estar aquí.

Cobijado del frío, en una casa construida mitad con piedra y mitad con cuernos de yaks y carneros, saboreo un fuerte té y a través de una de las dos únicas ventanas contemplo el inmenso conjunto de templos y monasterios, el imponente Photala, otrora residencia del Dalai Lama. Para algunos esta es la montaña de Buda.

Los lamas –los que no pueden ser adelantados– viven en Lhassa y en sus inmediaciones, por momentos me parece que superan a la población civil y sus monasterios llamados gompas, dan prestigio a las aldeas cercanas.

Lhassa ha permanecido cerrada a las conquistas occidentales conservando de esta manera una vida cultural de carácter místico-religioso y si bien los habitantes de la región abrazan el budismo, tienen algunas creencias muy particulares, diferentes a las otras regiones y bastantes

complejas con respecto a la doctrina del príncipe Siddharta. Así todo, al igual que en la India hay quienes siguen
fieles a las ideas originales de los primeros misioneros budistas, persiguiendo el fin supremo de liberarse del deseo
para alcanzar el Nirvana.

Pero lo interesante es la armónica convivencia de estos
con lo que podríamos llamar hechiceros y magos que adi-
vinan el futuro, curan enfermos en extrañas ceremonias y
fundamentalmente ahuyentan demonios transformándose
en buenos exorcistas.

Como decía anteriormente, el budismo tibetano es sumamente complejo. Fue introducido aquí en el siglo VII
y sufrió modificaciones al tomar contacto con los cultos y
tradiciones preexistentes cobrando un carácter litúrgico y
mágico que no poseía en otros lados.

El Vajrayana o vehículo del diamante, es la forma en que
el budismo entra en el techo del mundo e introduce fórmu-
las mágicas, dioses, y demonios. Para lograr el dominio del
cuerpo y el espíritu acude a técnicas importadas de la India
como el yoga. En el siglo XIV producto de una reforma del
lama Tson ja pa, aparece una nueva forma de pensamiento,
el lamanísmo, con la figura del Dalai Lama, reencarnación
del Buda como soberano temporal. El lamanísmo no adora a
ningún dios, si bien lo hace con hombres ilustres casi santos,
que se han distinguido por sus virtudes y rigidez moral.

Aquí los monasterios que son la meca de grandes pere-
grinaciones, son enormes complejos edilicios que cuentan
con calles internas que convergen en un edificio central con
altares y gigantescas bibliotecas.

Algunas gompas parecen mini ciudades a la manera de
ciertos monasterios del medioevo europeo. Otros se aseme-

jan a espectaculares palacios como el mismo Photala o el Prebung, que recibían a los lamas una vez por año que iban a adorar el Dalai y a recibir de él la interpretación de los libros sagrados. Los monasterios eran casi independientes y formaban un estado dentro del estado ya que poseían tierras y rebaños además de comerciar libremente.

Parece mentira estar aquí sentado y hablar en tiempo pasado, ocurre que como es de público conocimiento, después de 1959 tras la invasión china, los cambios obligaron a que ni siquiera el Dalai Lama resida aquí. La revolución cultural de Mao, hizo atrocidades en este país, desde la matanza de cientos de monjes hasta la destrucción de varios monasterios.

Pero volviendo a lo nuestro, cabe señalar que en el Tibet desde su aparición los gompas ejercieron una gran influencia. El más antiguo fue construido aquí en Lhassa a mediados del siglo VII. Durante el siglo XV se levantaron los monasterios de Gandam y Depung y algo más tarde el majestuoso Photala, la residencia del rey-papa.

El cargo de Dalai nace en el siglo XIII cuando el emperador Kublai Kan encomienda el monasterio de Sakia, la dirección espiritual de China. El Dalai nace predestinado y para diferenciarlo del resto de los hombres, para reconocerlo entre el común de los mortales hay que saber interpretar los signos en que se manifiesta su encarnación.

Esto exige profundos estudios de los libros sagrados, consultas con astrólogos y oráculos y hondas reflexiones alrededor de hechos y tradiciones. Hay otras ocasiones en que el propio Dalai en su lecho de muerte y en virtud a sueños y signos, comunica a otros lamas del lugar y familia donde podrá encontrarse su sucesor.

En los primeros tiempos del lamanismo, la sucesión se llevaba a cabo de manera azarosa: en una urna de oro se colocaban distintas bolas, algunas con la inscripción SI y otras con la inscripción NO. A su vez contenía bolas con el nombre de los niños que estaban en condiciones de desempeñar el cargo y el nombre que salía tres veces con la bola SI, era quién sería designado Dalai Lama.

La majestuosidad de los templos de Lhassa es subrayada tanto por su ubicación en la parte superior de las laderas como por la naturaleza que los rodea. Según los cánones, los edificios deben estar construidos en forma de tronco piramidal y pintarse sus muros según la orientación: al norte verde, al este rojo, al sur amarillo y al oeste blanco. La brillantez de sus exteriores contrasta con el interior donde suele prevalecer la semi oscuridad salvo en las fiestas, cuando se llenan de miles de velas, inciensos y vestiduras sacerdotales brillantes.

Comienza una suave nevisca y viene a mi mente un anochecer, hace unos años en el Parque de los Siervos, en Sarnath, muy cerca de Benares. Recién llegaba a la ciudad y me dirigí directamente allí, a la gran Stupa, donde hace veinticinco siglos Buda dio su primer sermón. Estaba todo a su alrededor colmado de gente, pero lo notable era la cantidad de niños pequeños en la primera fila. Comencé a preguntar y pude saber que se estaba eligiendo un lama.

Después de un rato, de repente callaron los cánticos y murmullos. Un anciano extendió una serie de objetos que según me contaban, algunos de ellos habían sido de la pertenencia de un lama que había muerto hacía un tiempo. El ritual continuaba en silencio. Un pequeño de no más de seis años, se incorporó y sin dudar, se dirigió hacia los objetos que se encontraban esparcidos sobre el césped y tomo tres elementos y los ofreció al anciano. El silencio se cortaba con un cabello. Pasaron unos minutos, y ante el gesto del maestro comenzaron los cánticos de manera increíble. ¿Qué había pasado? El pequeño había escogido precisamente los elementos que fueran del difunto sin dudar, aquel había reencarnado en el niño, este era un nuevo lama.

A veces con mi estrechez occidental, me es difícil comprender algunas cosas, pero estas están y van más allá de mis limitaciones. Vuelvo aquí, a más de tres mil metros de altura.

Pues bien, se terminó mi té, es hora de ponerme mi abrigo, los guantes y continuar el camino hacia arriba, para la gente de aquí, el camino hacia el interior de uno mismo, un sendero repleto de huellas.

DESIERTOS

El sol comienza a ponerse sobre las dunas y la caravana aún no regresa. El frío se hace sentir y trato de enclavarme más em la arena. Tozeur, la ciudad oásis como la llaman, esta enclavada em las estribaciones del Sahara, bien al sur de Túnez y cada vez que tengo la oportunidade de encontrarme en este marvilloso país, siempre llego a este paraje característico por sus palmeiras, caravanas de dromedarios y fundamentalmente por lo ilimitado del desierto, que aqui comienza para prolongarse por miles de kilômetros.

Abd-el es un viejo camellero que partió al alba junto a sus hijos a internarse en las arenas, con él que quedamos en comer unos pinchos morunos a su regresso hacia el ocaso y aqui me encuentro en solitária espera.

Por momentos, instintivamente miro mi muñeca buscando mi reloj y entonces recuerdo que lo deje junto con parte del equipaje en la ciudad de Susa, así que vuelvo a mirar la inclinación del sol… debe ser aproximadamente las seis de la tarde, tal vez algo menos.

Es entonces cuando percibo la dicotomía entre tiempo y eternidad en mí mismo. El primero, se me hace similar al hombre faústico de Spengler, devorador de todo a su paso, algo así como el mítico Saturno, Cronos. En cambio, lo segundo, la eternidad, me hace sentir más cercano a las raíces primigênias, al salvaje que siempre dormita em mí. Y esta última sensación se profundiza más y más cuando uno se adentra en el desierto, allí el tempo se atrasa e incluso a veces parece volverse atrás.

Recuerdo aquella frase de Kandinsky que tan oportuna se me presenta ahora, *"… una sensación que es a la vez un movimento de alejamiento del hombre y un movimento dirigido hacia su própio centro, que sin embargo atrae al hombre hacia lo infinito y despierta en él un deseo de pureza y sed de lo sobre natural"*.

Una sensación que es más que la soledad, una sensación donde vacilan los sentidos, donde no hay a quien invocar, donde no sabemos siquiera si es miedo lo que sentimos. Es el desierto, donde el silencio puede atravesar al peregrino, el lugar que mata la espontaneidad y la sustituye por reflexión, el sitio donde la unidad se diluye en análisis y desmembración para volver a unir al humano luego, pero en forma diferente, más armónica. Silencio que produce enseñanza, madurez, porque si deseas comprender a los hombres, es preciso no oírlos hablar. Pues generalmente las palabras sobran, están demás cuando alguien esta muy lejos del otro, porque en ese caso serían inútiles y tamb600 sobran cuando uno esta muy cerca del otro, porque em ese caso serían innecesarias.

La comprensión es sin más, una combinación de intuición y análisis reflexivo, profundo, más allá de los patrones lógicos, pues la lógica pertenece al campo de los objetos y no al lazo que los ata. A menudo me pregunto hasta que punto somos capaces de reconocer el nudo de aquel lazo más allá de la lógica.

La soledad del desierto me lleva a buscar y encontrar cosas olvidadas em las profundidades del arcón de mi memoria. Parece paradógico, muy cerca de aqui, vivió en una casa relativamente bien conservada, Carl Jung, donde el gran psicoanalista desarrollo el concepto de arquétipo y de inconsciente colectivo.

Pasan por mi mente aquellos textos leídos en mi adolescência y comprendo que en ninguna otra parte se describió de manera tan cruda y evocadora la sensación de soledad. Me refiero a *El castillo* de Kafka y al *Principito* de Saint-Exupery. Tal vez ambos son excelentes claves para entender la crisis actual del ser humano.

El absurdo, el desamparo, la vacuidad de la existência, una visión cruel y de lo desesperado e inevitable que es vivir en un mundo frío e incomprensible.

Pero el Principito, más allá de lo incomprensible de los mundos que recorre, por encima del dolor que le produce el absurdo, aún en el desierto, es este que tengo delante mío —y porque no a veces dentro mío— aún aqui, aquel niño es un brevario de la esperanza y del amor. Pues en este desierto, el Principito aprendió y enseñó que es posible ver con sus ojos y por momentos el mundo nos parece serio y luego ridículo y esto luego serio, y de esta manera redescubrir importantes valores olvidados, entre otras cosas el soñar, el esperar, el amar. Claro lo importante es invisible a los ojos.

El astro rey ya casi roza el horizonte, el viento cesó totalmente, pero Abd-el aún no regresa.

El desierto y esta sensación de soledad, me llevan a reflexionar sobre el miedo o tal vez la angustia. Creo que son dos términos que describen situaciones distintas. El miedo siempre es a algo conocido, miedo a tal o cual cosa o situación. Ahora temo a los escorpiones que a estas horas comienzan a salir de sus escondites, no quisiera toparme con uno, a veces se les pisa sin darse cuenta com resultados terribles. Ese es el miedo, al terrible aguijón. Pero la angustia es diferente, es a aquello desconocido, a eso que está allá, o tal vez no, pero que me supera, que me invade, de lo que no puedo escapar como del escorpión.

Vuelvo a Exupery, los planetas que recorre el Principito a través de su viaje están habitados por adultos y son lugares de soledad, desiertos, no son lugares de vida. Desierto, significa en el linguaje del autor de la obra, "desierto de hombres", no es un lugar determinado, sino uma situación de absurdo, de sequedad del alma, de la acumulación de nada.

La soledad une al hombre com otros seres y cosas con lazos poco profundos. Se me sugiere a veces la imagen de un hombre al que se le han cortado las piernas y los brazos y luego lo han dejado libre para andar. Y así, de esa manera anda él castrado, pero sin saberlo siquiera, pero claro, convencido de que su andar es glorioso, histórico, poco menos que ejemplificador.

Pero el desierto no es solamente el lugar del caos, de extravío, desorientación y confusión; es también el lugar de la verificación y la confirmación. La fuerza misteriosa del desierto forma a los hombres derritiendo de ellos lo superficial, lo excesivo, como si el incandescente sol sacara todo lo postizo, lo que está de más.

En el desierto los hombres no cuentan su edad por años, sino por el número de caravanas en que han tomado parte. Y así cuentan de la voluntad que se necesita para superar día a día las dunas interminables, luchando contra la arena, el viento, la sed y el agotamiento. De allí que en medio de la necesidad y la privación, a veces en lo más profundo de la soledad, es que cada gota de agua y cada aliento de vida sea para ellos de sobremanera valioso.

El desierto al igual que la soledad, enseñan a valorar de nuevo muchas cosas y solo aquellos que han sentido el "desierto" en sus vidas con la mayor intensidade posible, podrán entonces ir a la fuente, lo cual es más importante que beber, pues sus privaciones otorgan al agua su verdadeiro valor y a su vez la fuente otorga al desierto su secreto y belleza.

Es así que el Principito, antes de internarse en el desierto, encuentra a la serpiente de la muerte, pues quien se adentre em el desierto tiene que aprender a aceptar la muerte, la limitación de la existência, la finitud. Pero la serpiente puede enseñar algo más profundo: la muerte relativiza aquello a lo que quisieramos agarrarnos fuertemente en nuestro desvarío como garantia de seguridade y por ende, nos confiere uma sabiduría apacible, más aún, hasta nos otorga descanso.

Casi anochece y los típicos gritos bereberés ya se escuchan detrás de las dunas, como no podia ser de otra manera mi viejo amigo cumplió su palabra, la recua de camellos avamza hacia mí.

A veces la soledad, esa sensación que parece atravesar a uno de lado a lado, el sentirse solo en un abismo sin fondo, nos lleva irremediablemente a reflexionar, es del desierto y de todos los desiertos que en nuestras vidas atravesamos, tengan o no arena, que debemos entender lo importante, lo realmente necesário.

Luna llena en el Sahara, esta noche habrá cordero y cous cous, se contaran cuentos y anécdotas. Lo importante sigue siendo invisible a los ojos. Las arenas del desierto, lugar plagado de huellas si los hay.

EPILOGO

Enero del 2016. Huellas recientes. Hacía años que no desembarcaba en esta ciudad. Tras algo más de cuatro horas de navegación desde Catania, el puerto de La Valeta ya se encuentra muy cerca. *Sí, pasaron muchos años desde la última vez, pero ahora no* vengo a estudiar y recorrer *las maravillas arquitectónicas* ni arqueológicas de estas islas. Hoy mi interés es tomar contacto directo con *inmigrantes que a través de Malta tratan de acceder a una vida digna en el continente europeo.* The Rock. Así llaman a Malta muchos de los cerca de 3000 migrantes procedentes de África que se encuentran en este pequeño país del Mediterráneo. En mitad de camino entre Libia o Túnez e Italia, esta histórica isla se convirtió en una parada obligatoria en sus caminos. Una muy larga parada. Procedentes de Somalia, pero también de Sudán, Eritrea y Etiopía, a los que se sumaron un número no menor de sirios que huían de la guerra, las hambrunas y las enfermedades. Después de un largo camino atravesando desiertos y sorteando a las diferentes bandas armadas y a las policías corruptas y salvajes de varios países, la mayoría sufrió atracos, agresiones, violaciones, la muerte de amigos y la cárcel en Libia antes de embarcarse rumbo a Europa.

La mayoría de ellos viven en unos recintos llamados Open Centres. Las personas que viven en ellos pueden entrar y salir libremente del recinto, tienen una cama en una litera, unas raciones de comida y una cantidad simbólica de dinero por semana.

En Malta existen cinco Open Centres. El más cercano a la capital se encuentra en Marsa. Los otros cuatro están en una zona llamada Hal Far, situada entre el aeropuerto, una base militar, un pequeño pueblo turístico, un gran puerto de mercancías y el mar. La mayor parte de los migrantes en Malta proceden de países en conflicto, pero sólo son reconocidos como refugiados un pequeño porcentaje.

Pero la realidad es mucho más difícil de lo que parece. Malta es un país pequeño de 400 000 habitantes. Tiene suministro limitado de agua dulce y no posee fuentes de energía propias. Su economía depende del comercio exterior (sirviendo como puerto de trasbordo para los buques), de las manufacturas (especialmente electrónicas y textiles) y en gran medida del turismo, por lo que no hay puestos de trabajo a los que los migrantes puedan optar.

Todo esto provoca que los migrantes se encuentren atrapados en un lugar que no quieren, donde no hay posibilidad de encontrar un trabajo y donde la adaptación es muy difícil debido a lo reducido que es el país y a lo conservadora que es su sociedad. Por lo que los pocos derechos que tienen estas personas en teoría, no los pueden ejercer en la práctica. Casi ninguno tiene dinero para abandonar los Open Centres ni para salir del país durante los tres meses al año que tienen permitido. Cuando alguno logra viajar e intenta establecerse en otro país, son deportados inmediatamente de vuelta a la isla.

El tiempo pasa y hay quien lleva años viviendo así. Un programa de Naciones Unidas busca, poco a poco, países de acogida para los migrantes a los que les concedieron la categoría de refugiados, otros muchos son considerados sólo inmigrantes irregulares y su destino más probable es la deportación a sus países de origen.

Malta es sólo un lugar de tantos en la Europa fortaleza, donde las fronteras físicas y burocráticas se alzan enormes ante los migrantes que intentan entrar buscando un lugar mejor para vivir.

Pero esto que se puede ver en Malta, se repite en docenas de lugares, Grecia, Macedonia, Turquía, Bulgaria, Marruecos, y muchos más. Seguramente la idea de aldea global implicaba individuos circulando por un mundo libre, con oportunidades. Lo que se puede ver en estos lugares es precisamente lo contrario, más parecido a mercados de esclavos o campos de refugiados que se suponía que en el nuevo milenio solo serían anécdotas del pasado.

El nuevo siglo trajo una nueva ola, a la que llamo la cuarta ola, parafraseando a la tercera de Toffler, una masa de agua que arrasa con todo lo que se cruza en su camino, es la versión más acabada de un verdadero tsunami creado por los hombres de la posmodernidad.

Al igual que nuestros ancestros que tuvieron que emigrar de un lado para otro para poder encontrar un lugar donde asentarse, millones de humanos hoy están en las mismas condiciones. Suena entre tragicómico y patético.

. . . .

Un par de días después. Puerto de Catania, Sicilia, 8hs am. Vuelta de Malta. Algo de llovizna, mañana fría y el Etna acaba de entrar en erupción, con lo cual las cenizas cubren todo el paisaje. Un pequeño puesto de ayuda esta colmado de indigentes haciendo fila desde hace rato. Un poco de café y algo parecido a un trozo de pan, es todo lo que recibirán en el día. Claro estos son los más favorecidos, están de este lado, es decir pudieron pasar vaya a saber cómo las barreras que les impiden acceder a Europa. Carecen de todo, dinero, trabajo, solo lo que llevan puesto y con el bagaje de ilusiones de poder vivir dignamente, no solo de subsistir, situación que en algunos casos llevan meses, años, algunos desde el mismo nacimiento.

Su origen es variado, norte de África, muchos de Siria escapando de la brutal guerra civil que diezma ese país desde hace años, otros de Bangladesh, solo por nombrar algunos de los sitios, si bien hay quienes ya no recuerdan de donde partieron pues sus vidas fueron un continuo peregrinar.

Obviamente el concepto de aldea global y de globalización, implicaba —aparentemente— la idea de un mundo más interconectado, más unido, algo así como una cantidad de puentes construidos con la finalidad de que todos estemos más cerca, y por consiguiente menos separados o dispersos. Pasaron los tres primeros lustros del nuevo milenio, pero nos encontramos con que aquellos puentes tan prometedores que conducirían al bienestar planetario no se concretó.

Lo notable es que los mismos materiales que se utilizan para levantar puentes sirvieron para erigir otras edificaciones no tan amigables, me refiero a muros. Y los encontramos de todo tipo.

De hecho la humanidad levanto primero muros que puentes, pero hoy, los herederos de la posmodernidad, hemos decidido superar a aquellos constructores de muros de la antigüedad y el medioevo.

La caída del muro de Berlín, emblemático si los hubo, dio un nuevo aire de libertad. Poco tiempo después, la euforia de alzar muros arranco con todas sus fuerzas. Tal es así, que algunos autores sobre el particular los llamaron los muros de la vergüenza.

A través de las dos últimas décadas tuve la posibilidad de recorrer varios de ellos. La sensación siempre era la misma: angustia, impotencia y fundamentalmente estupidez. Enumerarlos solo ya asusta, pero también concientiza. Veamos solo algunas de estas maravillas que distan bastantes de aquellas que estudiamos en el colegio como las pirámides de Egipto, la biblioteca de Alejandría, el coloso de Rodas o los jardines colgantes de Babilonia.

Estas nuevas criaturas edilicias se encuentran dispersas por todo el planeta: Polonia, Cisjordania, la línea verde de Chipre, la pared del Sahara, Irlanda del norte, Corea, Ceuta-Melilla, Cachemira, Uzbekistán, Malasia-Tailandia, EE.UU-Mexico, Arabi-Yemen, Padua y hasta algunas autorizadas por la ONU como el caso de Irak-Kuwait. Desde ya que la lista continúa y es posible que aumente en un corto plazo.

A estos parapetos, debemos sumar otros, como los del control del espacio aéreo, marítimo, las barreras arancelarias, las visas territoriales y hasta francotiradores apostados para practicar tiro al blanco sobre aquellos congéneres que osan pasar las barreras, un simple deporte de nuestra era. Desde ya que la inscripción para este polígono de tiro cuesta varios miles de dólares. Es decir un abono para matar personas.

Pero los muros no cesan. Europa analiza seriamente levantar un nuevo parapeto frente a Grecia para parar la ola de refugiados, que al igual que el agua va buscando los canales más propicios para fluir, como ser Turquía, que permite acceder a los inmigrantes por tierra al viejo continente.

Paso horas hablando con estas personas despojadas absolutamente de todo, en algunos casos aún de sus sueños y pienso en lo afortunado que he sido y soy. Siempre, más allá de las situaciones, tuve un lugar donde dormir y un plato de comida. Para estas personas con las cuales comparto el frío y la llovizna de este puerto mediterráneo, eso es solo la persecución de una quimera, para ellos el futuro es hoy, su dilema es solo sobrevivir.

Recuerdo mis épocas de estudiante universitario, cuando aún Vietnam era la diva de las primeras páginas de los diarios y casi ayer Sartre y sus seguidores habían tomado la Sorbonne y como el concepto de aldea global iba germinando en la mente de muchos.

Recuerdo en forma casi intacta a algunos profesores y futurólogos explicándonos como seria esta nueva comunidad internacional, con más oportunidades para todos, con menos diferencias y con un espectacular achique en la brecha entre los más desposeídos y los más ricos.

A nuestros oídos de adolescentes esto sonaba como la más idílica de las sinfonías. De hecho en el interior de todos y de cada uno se gestaba el sueño de un mundo feliz al mejor estilo Huxley.

Pasaron cuatro décadas, y encontrándome hoy yo al frente de cátedras universitarias, compruebo día a día que el derecho internacional sufre continuos agravios, que los desequilibrios causados por las patéticas desigualdades del desarrollo se agudizan en forma continua, que la violencia domina por doquier y que encaramos un nuevo milenio con grandes dudas, en un marco de confusión.

Dentro ya del nuevo siglo, la comunidad internacional que pugna por afirmarse, ha de hacer frente a problemas de una gravedad inusitada, donde pareciera que la solución depende de la consolidación de un orden justo, pacifico, equilibrado y digno.

Sin embargo, frente a aquellos nuevos jinetes del Apocalipsis que ya planteaba Konrad Lorenz, como el crecimiento vertiginoso de la población mundial, la explosión urbana en el tercer mundo, la desertización, la inminente reducción del agua potable, los cambios en la biosfera y la falta de vivienda para cientos de millones de personas entre otros, lo que mantiene su crecimiento en forma continua es sin más una sensación de malestar.

La cuarta ola viene generando algo terrible: nuevos pobres, y esto sucede en casi todas las partes del mundo. Como si el sistema hubiera colapsado y con él la actitud respecto a las desigualdades sociales.

En primer término, se ha interrumpido la mejora continua del nivel de vida y algunas clases sociales han tenido que renunciar bruscamente a sus aspiraciones. Parece absurdo que en el momento donde hacia el final del siglo XX se suponía que se recogerían los frutos de la revolución industrial y tecnológica, la tendencia se invierte y surgen entonces los nuevos pobres, que son en síntesis aquellos individuos expuestos a perder su posición social.

Pero es necesario recordar, que más allá de las nuevas categorías de pobres –que aumentan día a día–, aquellos que nunca dejaron de vivir en condiciones aún peores y la impotencia de los sistemas públicos de asistencia social que parecen orientarse hacia una reducción progresiva de las prestaciones.

Cuando una parte de la población mundial apunta hacia adelantos en diferentes órdenes de la vida, los más pobres siguen luchando todavía contra flagelos como el analfabetismo, el hambre o enfermedades que se suponen ya desaparecidas.

En síntesis en esta pobreza brilla por su ausencia los factores mínimos posibles para la elevación del nivel de vida, en último caso solo se trata de sobrevivir hoy. Mañana solo es un gran enigma, de hecho para muchos mañana es solo una quimera.

Y todo esto en virtud del mecanismo circular del equilibrio de la pobreza, que funciona como un auténtico circulo vicioso: cuando se vive en el límite del nivel de subsistencia no hay ahorro y por lo tanto tampoco inversión ni capital a falta de este, es entonces imposible extraer de una pobre economía rural una inversión que permita mejorar la tecnología agrícola y la productividad agrícola y la productividad del sector primario.

De este "equilibrio de la pobreza", nace así de sencillo la cultura de la pobreza y sin más, esta conlleva la patética adaptación a la miseria.

Al decir miseria, me refiero al termino en su más amplia extensión, la del afuera, lo cual implica desposeer cosas –lo cual podría ser medianamente solucionable– y la de adentro, la miseria del espíritu, aquella que es mucho más difícil de revertir, pues una vez instalada esta última, comienza a corroer al hombre desde lo más profundo de su ser hasta transformarlo simplemente en un zombi, en un ente carente de identidad, de solidaridad, de recursos, un organismo situado muy por debajo que el resto de los animales.

En este escenario del malestar, para muchos no cabe otra opción que adaptarse a la miseria, resignarse a aceptarla como inevitable. Y esta resignación constituye un rasgo de la civilización de la nueva ola.

Muchos intelectuales discuten incansablemente en foros internacionales si la globalización es positiva o no, si es real o solo un mito, sobre sus ventajas y sus contras. La bibliografía sobre el particular llena enorme cantidad de bibliotecas, pero mientras las " discusiones de laboratorio" continúan a lo largo y ancho del planeta, lo que considero que podemos afirmar es que lo globalizado fue la desigualdad.

Más allá de las diferencias entre oriente y occidente, entre lo urbano y lo rural, entre el modelo de economía abierta o cerrada, o entre cualquier posición maniqueísta que se pudiera tomar en cualquier campo de quehacer humano, esta sensación de incertidumbre, de imprevisibilidad, en último caso de malestar, hoy se siente por doquier.

Un significante particular del malestar, es la violencia, presente en todo ámbito. No existe espacio de la vida cotidiana donde la violencia se tome vacaciones; en el trabajo, el hogar, la escuela, el tiempo libre. No, ella siempre se auto convoca. Aun después de un siglo violento como lo fue el último, con guerras mundiales, regionales, religiosas y demás, el mundo continúa dominado por el empleo de la violencia.

Algunos creyeron que la globalización seria el camino a la panacea, estoy convencido que estos estrategas cometieron el error de pensar que la comunidad global supone ausencia de conflicto, pues no pueden imaginar que conflicto y comunidad no son dos cosas incompatibles. Es más, pareciera que una y otra van de la mano, algo así como los dos términos de la tragedia.

Todo cuanto existe implica un cierto nivel de conflicto, ¿cómo se podría imaginar que hilvanar a todo el planeta seria sencillo? Conflicto y comunidad implican a su vez dos constantes del problema: interdependencia y antagonismo. Un juego dialéctico difícil del cual salir sin pagar altos costos.

La profunda transformación en que hoy se agita la vida internacional, deviene que la evolución de las técnicas hace interdependientes a las naciones. Esta solidaridad aparente que por un lado acerca entre sí a los pueblos en el plano material, por otro lado agudiza y pone de manifiesto las contradicciones entre ellos. Pero fundamentalmente se globalizo el malestar.

Huellas traídas del arcón de la memoria, algunas muy antiguas, de hace décadas, otras muy recientes, dolorosas que marcan a fuego. Como dije al principio de este libro, sin lugar a dudas los mayores cambios son los que se producen dentro de uno, dejando marcas, huellas en las arenas del tiempo.

*"Cuando uno extraña un lugar, lo
que realmente extraña es la época que
corresponde a ese lugar, no se extraña
los sitios sino los tiempos."*

JORGE LUIS BORGES